JN188728

Jamの百鬼《ひやっき》にゃ行《こう》

かわいくて怖《こわ》い妖《よう》怪《かい》図《ず》鑑《かん》

Jam

笠間書院

今宵《こよい》は満月《まんげつ》…なんだっけ夏目漱石《なつめそうせき》の…
月《つき》が綺麗《きれい》ですね？
ガサッ
「I Love You」の意訳《いやく》だっけ？
一度《いちど》言《い》ってみたい台詞《せりふ》の一《ひと》つだよな
ザッ
今宵《こよい》の月《つき》は狸《たぬき》か貉《むじな》が化《ば》けてるな
マジか!?
ポンッ
キヒヒッ
よく見《み》たら本物《ほんもの》の月《つき》よりでかいし！
あいつら月《つき》に化《ば》けるよね～
だまされた
あっ
貉《むじな》の月《つき》は久《ひさ》しぶりに見《み》たのう
なつかしい～
最近《さいきん》あまり妖怪《ようかい》見《み》なくなったよね
ちっ
逃げたか
都会《とかい》では全然《ぜんぜん》見《み》ないよな
街《まち》が明《あか》るいからねぇ
文明《ぶんめい》が発達《はったつ》し人間《にんげん》たちから闇《やみ》や災《わざわ》いへの恐《おそ》れが薄《うす》れ…
不思議《ふしぎ》なものや奇異《きい》なものをいるかいないかと問《と》うことさえしなくなった…
なんか語《かた》りだした

今《いま》の時代《じだい》…妖怪《ようかい》は完全《かんぜん》に創作扱《そうさくあつか》い…なげかわしい…
ハー…
ゲ○ゲの映画《えいが》興行収入《こうぎょうしゅうにゅう》三十億《さんじゅうおく》だって
その映画《えいが》六回《ろっかい》観《み》に行《い》ったわ泣《な》いたわー
ニャハハハ
ブームに踊《おど》らされてる
踊《おど》ると言《い》えば昔《むかし》はよく頭《あたま》に手《て》ぬぐいのせて踊《おど》ったねぇ
よっと
飼《か》い猫《ねこ》が〜十年生《じゅうねんい》きたら化《ば》け猫《ねこ》に♪
二十年《にじゅうねん》で猫又《ねこまた》に〜♪
三十年《さんじゅうねん》で猫魈《ねこしょう》に〜♪
でも…寿命《じゅみょう》が延《の》びたからか今《いま》の猫《ねこ》は昔《むかし》ほど化《ば》けないね
猫魈《ねこしょう》
十年《じゅうねん》で化《ば》けてたら妖怪《ようかい》だらけだ
猫又《ねこまた》
飼育環境《しいくかんきょう》よくなったからなぁ
化《ば》け猫《ねこ》
ビバチュー○！
チュー
隠《かく》れ化《ば》け猫《ねこ》がごろごろいたりして…
猫《ねこ》なだけにゴロゴロ…
猫魈《ねこしょう》は今《いま》でも滅多《めった》にいないだろうねっ！
ドヤァ
猫魈先輩《ねこしょうせんぱい》はんぱねぇっすわ！

そんなわけで数少《かずすく》ない大妖怪猫魈《だいようかいねこしょう》の僕《ぼく》としては…
フッ
現代《げんだい》における妖怪《ようかい》の減少《げんしょう》を危惧《きぐ》しているわけですよ…
突然《とつぜん》の大妖怪《だいようかい》マウント
歴史《れきし》も文化《ぶんか》も時間《じかん》が経《た》てば人々《ひとびと》の記憶《きおく》から薄《うす》れていく…
くるっ
今《いま》この時代《じだい》にいち妖怪《ようかい》としてやれることをしたいよね？
俺《おれ》ら猫《ねこ》だし難《むずか》しい話《はなし》はようわかりませんわ～
数多《あまた》の妖怪《ようかい》のルーツを調《しら》べ…消息《しょうそく》を辿《たど》ることで…
バッ‥
妖怪《ようかい》の存在《そんざい》を次《つぎ》の時代《じだい》に伝《つた》える使命《しめい》があると思《おも》う!!
めんどくさ
これだから年《とし》よりは
平成《へいせい》キャットドン引《び》き
使命《しめい》があると思《おも》わないか？
ゴゴゴゴ
化けた…
パワハラだ
ブラックだ
しかし妖怪《ようかい》の上下関係《じょうげかんけい》は絶対《ぜったい》

そんなわけでちょっと妖怪《ようかい》探《さが》してきて
俺《おれ》はここで見守《みまも》ってるよ
現場《げんば》の苦労《くろう》を知《し》らんやつほど「ちょっと」とか言うよな
…
自分《じぶん》は何《なに》もしないくせに「見守《みまも》る」とか監修《かんしゅう》きどりかよ
君達《きみたち》毎日《まいにち》ゴロゴロしてて暇《ひま》でしょ？
ネットに猫魈《ねこしょう》の倒《たお》し方《かた》載《の》ってない？
猫《ねこ》ピラミッドの頂点《ちょうてん》、人《ひと》より賢《かしこ》く神通力《じんつうりき》を使《つか》う激《げき》つよ大妖怪《だいようかい》
カチカチ
何《なに》か言《い》った？
何《なに》も言《い》ってないです
妖怪《ようかい》とは何《なに》か？人知《じんち》を超《こ》える奇怪《きかい》な現象《げんしょう》…
具体的《ぐたいてき》に何《なに》調《しら》べればいいんすか？
民間信仰《みんかんしんこう》の中《なか》で伝承《でんしょう》として受《う》け継《つ》がれてきた文化《ぶんか》としての…
返事《へんじ》しないとネットで猫魈《ねこしょう》はパワハラ妖怪《ようかい》って拡散《かくさん》しますよ
可能《かのう》なら絵姿《えすがた》名前《なまえ》とルーツあたりかな
ネット怖《こわ》い…
名前《なまえ》に姿《すがた》にルーツって…全部《ぜんぶ》じゃん
うっ…
ゆるキャラでもいい？
カチカチ
現存《げんそん》する妖怪《ようかい》の絵姿《えすがた》も絵師《えし》の創作《そうさく》だから大丈夫《だいじょうぶ》だよ

鳥山石燕《とりやませきえん》が描《えが》いてた有名《ゆうめい》な妖怪《ようかい》から探《さが》してみたら？
あー…いたね 江戸時代《えどじだい》にめっちゃ妖怪《ようかい》描《えが》いた人《ひと》
『画図百鬼夜行《がずひゃっきやこう》』『今昔画図続百鬼《こんじゃくがずぞくひゃっき》』『今昔百鬼拾遺《こんじゃくひゃっきしゅうい》』『百器徒然袋《ひゃっきつれづれぶくろ》』
二百妖怪《にひゃくようかい》もいるやんけ ふざけんな
ん～…じゃあ百妖怪《ひゃくようかい》くらいでもいいよ？
キリがいい
百《ひゃく》くらい？百鬼夜行《ひゃっきやこう》でも百《ひゃく》なんだぞ？
じゃあ九十九《きゅうじゅうきゅう》？
カチカチ
九十九《きゅうじゅうきゅう》は道具《どうぐ》が九十九神《つくもがみ》に化《ば》けるくらいの年月《ねんげつ》の数《かず》だぞ
『画図百鬼夜行《がずひゃっきやこう》』シリーズ四作《よんさく》が五十妖怪《ごじゅうようかい》くらいずつなんで…
タカタカターン
おー
キリッ
そこから有名《ゆうめい》な五十妖怪《ごじゅうようかい》プラス現代妖怪《げんだいようかい》や怪異《かいい》で六十《ろくじゅう》～七十《ななじゅう》が妥当《だとう》じゃない？
もう猫魈《ねこしょう》クビにしてこいつリーダーにしようぜ
よし！では七十体《ななじゅったい》の妖怪《ようかい》を探《さが》すのだ!!
行ってこーい！
バッ
ハァ…
妖怪《ようかい》って労基《ろうき》みたいなもんないの？
悲《かな》しいかな妖気《ようき》しかないんだよね…
え～…誰《だれ》が行《い》く？

大勢《おおぜい》で行《い》っても遠足《えんそく》みたいになるしなぁ…
カオス…
ちゅーるはおやつに入《はい》りますか?
有名妖怪《ゆうめいようかい》にサイン頼《たの》んでいい?
うじゃっっ
名物《めいぶつ》食べてみたい
こんな大所帯《おおじょたい》で猫《ねこ》がうろついたら動画《どうが》に撮《と》られて晒《さら》されるわな…
何匹《なんびき》かにグループ分《わ》けして行《い》く?
ハァ…
それなら三匹《さんびき》ずつがいいな
はいっ
水戸黄門《みとこうもん》も三人一組《さんにんひとくみ》だし
うんうん
三匹《さんびき》ならそう目立《めだ》つこともないか
じゃあ君《きみ》ら三匹《さんびき》でいいか
あ…
ピタッ
え?
ハッ
こうして三匹《さんびき》の妖怪探《ようかいさが》しの旅《たび》が始《はじ》まったのでした
はじまりはじまり〜
勝手《かって》に決《き》めてナレーション入《い》れんな!!
息《いき》ぴったりじゃん
うんうん

はじめに

皆《みな》さんは妖怪《ようかい》はいると思《おも》いますか？　私《わたし》が子供《こども》の頃《ころ》は今《いま》ほど街灯《がいとう》がなく、夜《よる》になると真《ま》っ暗《くら》になる場所《ばしょ》がたくさんありました。昼間《ひるま》でも薄暗《うすぐら》く人気《ひとけ》のない場所《ばしょ》があり、そういう所《ところ》は危《あぶ》ないから、子供《こども》だけで行《い》ってはいけないと教《おし》えられました。日《にち》常《じょう》の中《なか》に、「闇《やみ》を恐《おそ》れる」という感覚《かんかく》がありました。そして、その「闇《やみ》」の中《なか》には人間《にんげん》の犯罪者《はんざいしゃ》や不審者《ふしんしゃ》だけではなく、妖怪《ようかい》や幽霊《ゆうれい》などもいたのです。

身近《みぢか》な人《ひと》から人魂《ひとだま》を見《み》た話《はなし》や、亡《な》くなった身内《みうち》が枕元《まくらもと》に立《た》った話《はなし》、友人《ゆうじん》の姉妹《しまい》が大《おお》きな鶏《にわとり》のおばけを見《み》た話《はなし》を聞《き》きました。私自身《わたしじしん》も祖父《そふ》の葬式《そうしき》で亡《な》くなったはずの祖父自身《そふじしん》に会《あ》うという奇妙《きみょう》な記憶《きおく》が残《のこ》っています。当時《とうじ》はそういったオカルトじみた話《はなし》も、話題《わだい》として受《う》け入《い》れられるような時代《じだい》でした。なにしろ小学校低学年《しょうがっこうていがくねん》の頃《ころ》には、リアルタイムで「口裂《くちさ》け女《おんな》」の噂《うわさ》が流《なが》れてきましたから。「花子《はなこ》さん」をはじめとした学校《がっこう》の七不思議《ななふしぎ》や、近所《きんじょ》の川辺《かわべ》に貼《は》られた河童《かっぱ》の看板《かんばん》にも、リアリティがあったのです。アニメ「ゲゲゲの鬼太郎《きたろう》」は第二期《だいにき》の再放送中《さいほうそうちゅう》で、「まんが日本《にっぽん》昔《むかし》ばなし」にも妖怪《ようかい》が出《で》てきたし、テレビや雑誌《ざっし》でも、ツチノコ（野槌《のづち》）などの妖《よう》怪《かい》やUFO、UMA特集《とくしゅう》が人気企画《にんききかく》でした。小学生《しょうがくせい》向《む》けの雑誌《ざっし》でも、夏《なつ》になると妖《よう》怪《かい》や怪談《かいだん》の特集《とくしゅう》があり、「首無《くびな》し行列《ぎょうれつ》」という話《はなし》がとても怖《こわ》くて、今《いま》でも覚《おぼ》えています。夜中《よなか》に首《くび》のない人《ひと》たちの行列《ぎょうれつ》が現《あらわ》れ、その行列《ぎょうれつ》に見《み》つかったり見《み》たことを人《ひと》に話《はな》すと、死《し》んでしまうのです。だから当時《とうじ》は夜《よる》はカーテンをしっかりと閉《し》めて、それでもときどき隙間《すきま》からこっそりと、見《み》つからないように外《そと》を覗《のぞ》くのでした。もちろん、「首無《くびな》し行列《ぎょうれつ》」は一度《いちど》も現《あらわ》れませんでした。最近調《さいきんしら》べたところ、「首無《くびな》し行《ぎょう》列《れつ》」は福井越前《ふくいえちぜん》あたりの民話《みんわ》だそうです。四月二十四日《しがつにじゅうよっか》の夜《よる》に首《くび》の無《な》い馬《うま》に乗《の》った武士《ぶし》の行列《ぎょうれつ》が現《あらわ》れるとのことで、首無《くびな》しなのは馬《うま》でした。武士《ぶし》たちは豊臣秀吉《とよとみひでよし》との戦《たたか》いに敗《やぶ》れた柴田勝家《しばたかついえ》の家臣《かしん》たちだそうです。埼玉《さいたま》に住《す》んでいた私《わたし》が、毎晩《まいばん》、「首《くび》の無《な》い人《ひと》たちの行列《ぎょうれつ》」を想像《そうぞう》し、恐《こわ》がる必要《ひつよう》はなかったのです。当時《とうじ》の子供雑《こどもざっ》誌《し》の怪談《かいだん》は、全国区《ぜんこくく》向《む》けに少《すこ》しアレンジされていたのかもしれません。そんな感《かん》じで、高校生《こうこうせい》になってからも「人面犬《じんめんけん》」の話《はなし》が世間《せけん》を騒《さわ》がせたり、妖怪《ようかい》や幽霊《ゆうれい》や怪異《かいい》は、「本当《ほんとう》にいる・いない」に関係《かんけい》なく、日常《にちじょう》の中《なか》に当《あ》たり前《まえ》にそこにあるものでした。

ところが、大人《おとな》になるにつれブームの方《ほう》も停滞《ていたい》していったのか、昔《むかし》ほどメディア

で、そういったものの特集《とくしゅう》をやらなくなりました。妖怪《ようかい》たちは、オカルトに興味《きょうみ》のある人《ひと》だけがひっそりと楽《たの》しむような、日常《にちじょう》とは線《せん》を引《ひ》いた場所《ばしょ》へと移《うつ》っていきました。次第《しだい》に自分《じぶん》の中《なか》でも、「闇《やみ》」の中《なか》の住人《じゅうにん》は迷信《めいしん》や創作物《そうさくぶつ》に代《か》わっていき、もう大人《おとな》だから、「目《め》に見《み》えないもの」は「いないもの」だと思《おも》うようにしたのです。

妖怪《ようかい》の存在《そんざい》を再《ふたた》び身近《みぢか》に感《かん》じたのは、社会人《しゃかいじん》になってから……第二次都市伝説《だいにじとしでんせつ》ブームの頃《ころ》です。第一次都市伝説《だいいちじとしでんせつ》ブームで、テレビの特集《とくしゅう》や子供《こども》たちの噂《うわさ》で広《ひろ》がっていった話《はなし》が、インターネットの普及《ふきゅう》によりブログで再度広《さいどひろ》まり、2ちゃんねる発祥《はっしょう》の怖《こわ》い話《はなし》やSNSでの話題《わだい》が、雑誌《ざっし》やテレビで広《ひろ》がりました。八尺様《はっしゃくさま》、くねくね、コトリバコ、きさらぎ駅《えき》……一《ひと》つくらいは聞《き》いたことがあるのではないでしょうか？　この辺《あた》りを現代妖怪《げんだいようかい》と言《い》っていいのかは悩《なや》みますが、八尺様《はっしゃくさま》や口裂《くちさ》け女《おんな》は今回《こんかい》の本《ほん》でも紹介《しょうかい》しています。また、「おわりに」で書《か》きますが、その頃《ころ》にちょっと怖《こわ》い出来事《できごと》もあって、私《わたし》の中《なか》にまた、妖怪《ようかい》たちに対《たい》する畏《おそ》れが蘇《よみがえ》ったのです。しかしその頃《ころ》はまだ、十数年後《じゅうすうねんご》に自分《じぶん》が妖怪本《ようかいぼん》を書《か》く日《ひ》がくるとは思《おも》ってもいませんでした。今回《こんかい》の本《ほん》を執筆《しっぴつ》する機会《きかい》を下《くだ》さった笠間書院様《かさましょいんさま》には本当《ほんとう》に感謝《かんしゃ》が尽《つ》きません。

この本《ほん》では猫又《ねこまた》たちがナビゲーター役《やく》として、「里《さと》・山《やま》・水辺《みずべ》・家屋《かおく》・現代《げんだい》・そ

の他《ほか》」の妖怪《ようかい》を紹介《しょうかい》しています。後《あと》は、私《わたし》が実際《じっさい》に歩《ある》いて取材《しゅざい》した妖怪《ようかい》スポットのレポート漫画《まんが》や、コラムを執筆《しっぴつ》させて頂《いただ》きました。たくさんの妖怪《ようかい》たちを描《えが》いていくのは、絵描《えか》きのはしくれとしても、とても楽《たの》しい時間《じかん》でした。

妖怪《ようかい》の解釈《かいしゃく》には諸説《しょせつ》あります。どれを正解《せいかい》と言《い》い切《き》ることはできません。だから自分《じぶん》なりに「これだ」と納得《なっとく》する説《せつ》を採用《さいよう》して書《か》きました。また、私《わたし》の描《えが》いた妖怪《ようかい》の姿絵《すがたえ》も、見《み》る人《ひと》によっては「自分《じぶん》の中《なか》のイメージとは違《ちが》う」と、感《かん》じるかもしれません。でも、それでいいのだと思《おも》います。妖怪《ようかい》という言葉《ことば》そのものは平安時代《へいあんじだい》からありましたが、明治《めいじ》の後期《こうき》までは、言《い》い伝《つた》えや民俗信仰《みんぞくしんこう》において、人《ひと》の理解《りかい》を超《こ》えたよくわからない現象《げんしょう》は、あやかしや物《もの》の怪《け》、化《ば》け物《もの》などと呼《よ》ばれていました。

そして室町時代《むろまちじだい》以降《いこう》の絵師《えし》や漫画家《まんがか》たちが姿《すがた》を与《あた》え、それらは「見《み》えないもの」から「見《み》えるもの」へと変《か》わっていきました。江戸時代中期《えどじだいちゅうき》の画家《がか》である鳥山石燕《とりやませきえん》や、漫画家《まんがか》の水木《みずき》しげる先生《せんせい》をはじめ、たくさんの絵師《えし》や漫画家《まんがか》たちが、それぞれの印象《いんしょう》で妖怪《ようかい》たちの姿《すがた》を描《えが》いています。私《わたし》は、「妖怪《ようかい》の正解《せいかい》の姿《すがた》」というのは、「ない」のだと思《おも》います。元々《もともと》は「見《み》えないもの」であった彼《かれ》らです。妖怪《ようかい》を想《おも》う人《ひと》の心《こころ》の中《なか》のイメージ次第《しだい》で、その姿《すがた》は少《すこ》しずつ違《ちが》っていいのでしょう。この本《ほん》を数多《あまた》の妖怪本《ようかいぼん》の内《うち》の一冊《いっさつ》として、楽《たの》しんで頂《いただ》けたら嬉《うれ》しいです。

目《もく》次《じ》

第《だい》三《さん》章《しょう》 水辺《みずべ》の妖怪《ようかい》 〇九一

第《だい》四《よん》章《しょう》 家屋《かおく》の妖怪《ようかい》 一〇九

第五章《だいごしょう》

第《だい》一《いっ》章《しょう》

里《さと》の妖《よう》怪《かい》

猫又《ねこまた》と化《ば》け猫《ねこ》

一里 猫又《ねこまた》と化《ば》け猫《ねこ》

猫又《ねこまた》は、飼《か》い猫《ねこ》や山《やま》に棲《す》む猫《ねこ》が年老《としお》いて化《ば》けた妖怪《ようかい》。一貫《いっかん》・二貫《にかん》を超《こ》すと化《ば》けるともいわれている。外見《がいけん》は猫《ねこ》そのものだが、特徴《とくちょう》として尻尾《しっぽ》が二股《ふたまた》に分《わ》かれており、大《おお》きな体《からだ》や人《ひと》に化《ば》ける能力《のうりょく》を持《も》つものもいる。性格《かく》も人間《にんげん》に似《に》て多種多様《たしゅたよう》で、凶暴《きょうぼう》で人畜《じんちく》に害《がい》をなす猫又《ねこまた》もいれば、温厚で恩返《おんがえ》しをする猫又《ねこまた》もいる。化《ば》け猫はその名《な》の通《とお》り猫《ねこ》が妖怪《ようかい》に変化《へんげ》したものだが、猫又《ねこまた》との区別《くべつ》は曖昧《あいまい》である。化《ば》け猫《ねこ》は尻尾《しっぽ》が一本《いっぽん》で、長生《ながき》きして化《ば》けるものや、無念《むねん》の死《し》から生《う》まれるものがいる。徳島県《とくしまけん》の「お松《まつ》大権現《だいごんげん》」、福岡県《ふくおかけん》の「有馬《ありま》」、佐賀県の「鍋島《なべしま》」は、「日本三大怪猫伝《にほんさんだいかいびょうでん》」と呼《よ》ばれる化《ば》け猫伝説《ねこでんせつ》。

猫魈《ねこしょう》

猫又《ねこまた》より
さらに長《なが》い年月《ねんげつ》を
生《い》きた飼《か》い猫《ねこ》は
猫魈《ねこしょう》になります
ほう…
猫魈《ねこしょう》になるには
三十年《さんじゅうねん》かかると
いわれています
えっっ!?
三十年《さんじゅうねん》って
ネタじゃ
ないんだ?
そんなの
令和《れいわ》の時代《じだい》でも
ほぼおらんやん
猫又《ねこまた》の上位種《じょういしゅ》
的《てき》な存在《そんざい》で…
人間《にんげん》より賢《かしこ》く
神通力《じんつうりき》を持《も》ち
ほー
猫又《ねこまた》や化《ば》け猫《ねこ》
魑魅魍魎《ちみもうりょう》を
たくさん従《したが》えた
大妖怪《だいようかい》です
えーーっ
チート
じゃん!
ずるーい
異世界転生《いせかいてんせい》
猫《ねこ》ですか?
てれっ
尾《お》は三本《さんぼん》で
束《たば》ねるとかなり
太《ふと》くなります
猫又《ねこまた》に対《たい》して
猫魈《ねこしょう》はあまり
言《い》い伝《つた》えが
残《のこ》っていません
そうなの?
あー…
三十年《さんじゅうねん》生《い》きる猫《ねこ》
ほとんどいない
からなぁ…
ということは…
という
ことは?
実《じつ》は師匠《ししょう》って
自称猫魈《じしょうねこしょう》
なんじゃね?
証拠《しょうこ》ないし…
自作自演《じさくじえん》でも
バレなくね?
ゴゴゴゴ…
うしろ
うしろ

三 里 猫《ねこ》魈《しょう》

猫又《ねこまた》よりさらに長《なが》い年月《ねんげつ》を生《い》きた猫《ねこ》は猫魈《ねこしょう》になるという。猫又《ねこまた》の上位種《じょういしゅ》的《てき》な存在《そんざい》で、尻尾《しっぽ》が三《みっ》つに分《わ》かれている。束《たば》ねて一本《いっぽん》にするとかなり太《ふと》い。猫又《ねこまた》になるのに二十年《にじゅうねん》の歳月《さいげつ》が必要《ひつよう》なのに対《たい》し、猫魈《ねこしょう》になるには三十年《さんじゅうねん》かかるといわれている。人間《にんげん》を凌駕《りょうが》する高《たか》い知性《ちせい》と神通力《じんつうりき》を持《も》ち、並《な》みの妖怪《ようかい》では太刀打《たちう》ちできない。寿命《じゅみょう》がないともいわれている。猫又《ねこまた》や化《ば》け猫《ねこ》を含《ふく》む猫《ねこ》たちや、数多《かずおお》くの魑魅魍魎《ちみもうりょう》を従《したが》えた大妖怪《だいようかい》であるが、猫又《ねこまた》や化《ば》け猫《ねこ》と比《くら》べて言《い》い伝《つた》えがほとんど残《のこ》っていない。三十年《さんじゅうねん》生《い》きる猫《ねこ》があまりいないため、猫魈《ねこしょう》になれる猫《ねこ》が少《すく》ないせいかもしれない。伝説《でんせつ》のような存在《そんざい》となっている。

狐火《きつねび》

しかたない…師匠《ししょう》が怖《こわ》いから外《そと》に妖怪《ようかい》を探《さが》しに行《い》くか
とりあえず里《さと》の妖怪《ようかい》から探《さが》すのはどう？近《ちか》いし…
あ…狐《きつね》!! 狐火《きつねび》出《だ》す奴《やつ》じゃん！
ガサッ
ねえねえ君《きみ》ちょっと狐火《きつねび》見《み》せてよ
ビクッ
あの火《ひ》ってどうやって出《だ》してんの？
尾《お》を打《う》つの？骨《ほね》や玉《たま》使《つか》う？吐《は》く息《いき》が光《ひか》るって本当《ほんとう》？
のそっ
赤《あか》でも青《あお》でもオレンジでもいいから見《み》せてよ～
カンタンでしょ？ほら
パッとさー
…
イラァ
1回でいいから
見せてよはやく～
ひと息《いき》でいいからさ～減《へ》るもんじゃないし～
ねねー
ちなみに狐火《きつねび》は集団《しゅうだん》で現《あらわ》れることもあるそうだよ
あの光《ひかり》に囲《かこ》まれたら怖《こわ》いだろうね
ポッ
ポッ
ポッ
ポッ
先《さき》に教《おし》えて欲《ほ》しかった…

三

里 狐《きつね》火《び》

闇夜《やみよ》や山野《さんや》に現《あらわ》れる怪火《かいか》。狐《きつね》が火《ひ》を灯《とも》すという俗信《ぞくしん》から生《しょう》じたもの。赤《あか》やオレンジや青《あお》の火《ひ》の目撃例《もくげきれい》もある。狐《きつね》が尾《お》を打《う》ち合《あ》って火《ひ》をおこす説《せつ》や、狐《きつね》の持《も》つ狐火玉《きつねびだま》を使《つか》って火《ひ》を出《だ》す説《せつ》、また、狐《きつね》の吐息《といき》が光《ひか》るという説《せつ》もある。狐火《きつねび》は集団《しゅうだん》で現《あらわ》れることもあり、多《おお》くは「狐《きつね》の提灯《ちょうちん》」や「狐《きつね》の嫁《よめ》入《い》り」と呼《よ》ばれ、無数《むすう》の火《ひ》が点灯《てんとう》し一列《いちれつ》に連《つら》なったり、増《ふ》えたりする。春《はる》から秋《あき》にかけて、蒸《む》し暑《あつ》い夏頃《なつころ》や天気《てんき》の変《か》わり目《め》によく現《あらわ》れる。近《ちか》づこうとすると、途中《とちゅう》でかならず火《ひ》が消《き》えてしまう。有名《ゆうめい》な「王《おう》子《じ》の狐火《きつねび》」は大晦日《おおみそか》の夜《よる》に現《あらわ》れ、人《ひと》々《びと》は狐《きつね》が灯《とも》す狐火《きつねび》の数《かず》から、翌年《よくとし》の豊凶《ほうきょう》を占《うらな》った。

狸《たぬき》と貉《むじな》

狐火《きつねび》やばかった…あいつら怒《いか》りの沸点《ふってん》で火《ひ》吐《は》いてるんじゃね？
わーかわいい
たぬー
たぬん
そんなわけで今日《きょう》は狸《たぬき》さんです
化《ば》け狸《だぬき》は人《ひと》を騙《だま》したり人《ひと》に化《ば》ける能力《のうりょく》があります
ほう…
じっ…
人《ひと》に取《と》り憑《つ》き命《いのち》を奪《うば》うこともあるけれど…
大抵《たいてい》は住処《すみか》を追《お》われたりいたずらされるなどの理由《りゆう》があります
マジかよ人間《にんげん》最低《さいてい》だな
ウウッ
ちなみに貂《てん》や貉《むじな》は狐《きつね》や狸《たぬき》よりも化《ば》けるのが上手《うま》いんだって
狐《きつね》の七変化《しちへんげ》狸《たぬき》の八変化《はちへんげ》貂《てん》の九化《くば》けというらしい
へ〜貉《むじな》にも会《あ》えればよかったね
たぬ たぬ
でもさ〜…
狸《たぬき》が一番《いちばん》性格良《せいかくよ》さそうじゃない？
（狐《きつね》）
（貉《むじな》）
カッ…
わかる〜w シュッとした奴《やつ》らってなんか性格悪《せいかくわる》そうw
アハハ
あ…殺気…
騙《だま》されている…

四

里

狸《たぬき》と貉《むじな》

化《ば》け狸《だぬき》は、年《とし》を経《へ》て妖力《ようりょく》を身《み》につけた狸《たぬき》の妖怪《ようかい》で、人《ひと》を騙《だま》したり、人《ひと》の姿《すがた》に化《ば》けたりする能力《のうりょく》がある。狸《たぬき》が人《ひと》に憑《つ》く話《はなし》は四国《しこく》に多《おお》く、最強《さいきょう》の狸《たぬき》妖怪《ようかい》は隠神刑部《いぬがみぎょうぶ》で、八百八匹《はっぴゃくはっぴき》の眷属《けんぞく》を従《したが》えていたことから、「八百八狸《はっぴゃくやたぬき》」とも呼《よ》ばれる。狸《たぬき》に憑《つ》かれると大食《おおぐ》いになり、腹《はら》は膨《ふく》れるが身体《からだ》は衰弱《すいじゃく》し、やがて命《いのち》を落《お》としてしまう。狸《たぬき》が人《ひと》に憑《つ》くのは、大抵《たいてい》はいたずらをされたとか、住処《すみか》を追《お》い出《だ》されたといった理由《りゆう》が多《おお》い。貉《むじな》も狸《たぬき》や狐《きつね》と同様《どうよう》に年月《ねんげつ》を経《へ》て人《ひと》を化《ば》かせるようになる。「狐《きつね》の七変化《しちへんげ》、狸《たぬき》の八変化《はちへんげ》、貂《てん》の九化《くば》け」というように、狐《きつね》や狸《たぬき》よりも貂《てん》や貉《むじな》の方《ほう》が、化《ば》けるのがうまいらしい。

鎌鼬《かまいたち》

狸《たぬき》も狐《きつね》も貉《むじな》も化《ば》かす奴《やつ》は信用《しんよう》できねぇ…
ハァ…
頭脳《ずのう》派《は》妖怪《ようかい》は危険《きけん》だな…
ひょこっ
タヌキはとばっちりじゃね？
あっ鼬《いたち》だ！
鎌《かま》が付《つ》いてる鎌鼬《かまいたち》だ！こいつは絶対《ぜったい》危《あぶ》ない奴《やつ》だ！
ずいっっ
お前《まえ》も俺《おれ》を騙《だま》すのか？
…
ごめんね今《いま》、この子《こ》たち小動物系《しょうどうぶつけい》妖怪《ようかい》に偏見《へんけん》持《も》ってて
ええと…鎌鼬《かまいたち》とは…つむじ風《かぜ》に遭《あ》うと知《し》らぬ間《ま》に皮膚《ひふ》が刃物《はもの》で切《き》れていることがある
それは鎌鼬《かまいたち》のせいである
ゴゴゴ…
ザワッ…
え？
一匹目《いっぴきめ》が槌《つち》で転《ころ》ばし二匹目《にひきめ》が鎌《かま》で切《き》りつけ三匹目《さんびきめ》が薬《くすり》を塗《ぬ》る三匹《さんびき》で一組《ひとくみ》の妖怪《ようかい》
ザァァァァ
わーっ
ひーっ
頭脳《ずのう》派《は》じゃなくて武闘《ぶとう》派《は》だ〜っ!!

五 里 鎌《かま》鼬《いたち》

つむじ風《かぜ》に遭《あ》うと、知《し》らぬ間《ま》に皮膚《ひふ》が刃物《はもの》で切《き》られたように裂《さ》けることがある。それは、鎌鼬《かまいたち》という妖怪《ようかい》のせいだという。雪深《ゆきぶか》い甲信越地方《こうしんえつちほう》での伝承《でんしょう》が多《おお》く、つむじ風《かぜ》に乗《の》って現《あらわ》れ、両手《りょうて》の鋭《するど》い爪《つめ》で人《ひと》を切《き》りつける。切《き》られた人《ひと》は鋭《するど》い傷《きず》を受《う》け、時《とき》に大量《たいりょう》の出血《しゅっけつ》を伴《ともな》うが、痛《いた》みはほとんどない。鎌鼬《かまいたち》に付《つ》けられた傷《きず》は普《ふ》通《つう》の治療法《ちりょうほう》では治《なお》らず、古《ふる》い暦《こよみ》を黒《くろ》焼《や》きにして傷口《きずぐち》に貼《は》ると治《なお》るという。地域《ちいき》によっては三匹《さんびき》の親子《おやこ》か兄《きょう》弟《だい》で出現《しゅつげん》する。一匹目《いっぴきめ》が槌《つち》のような腕《うで》で人《ひと》を転《ころ》ばし、二匹目《にひきめ》が切《き》りつけ、三匹目《さんびきめ》がすばやく薬《くすり》を塗《ぬ》る。「かまいたち」は「構《かま》え太刀《たち》」が訛《なま》ったという説《せつ》もある。

がしゃどくろ

二匹《にひき》とも少《すこ》し慎重《しんちょう》に行動《こうどう》してよ危《あぶ》ない妖怪《ようかい》もいるんだしさ…
この辺《へん》はがしゃどくろの目撃情報《もくげきじょうほう》もあるみたいだし…
え?
それ絶対《ぜったい》会《あ》うとやばいやつじゃん
数十《すうじゅう》メートルの骸骨《がいこつ》の巨人《きょじん》で人《ひと》も襲《おそ》って食《く》らうからね
人《ひと》襲《おそ》う系《けい》はやばいって…帰《かえ》っていい?
でもねぇ…昭和《しょうわ》の中期《ちゅうき》に創作《そうさく》された妖怪《ようかい》らしい
えっ!? がしゃどくろ創作《そうさく》なの!?
なんだよ…昭和《しょうわ》からとか新人《しんじん》だし…民間伝承《みんかんでんしょう》にすらなってない創作妖怪《そうさくようかい》かよ
カッ
ホッ…
アハハ
なーんだ実際《じっさい》にいないんだ!怖《こわ》がって損《そん》したw
でも…民間伝承《みんかんでんしょう》の妖怪《ようかい》も誰《だれ》かが見《み》たと言《い》っただけだし昭和生《しょうわう》まれの妖怪《ようかい》もたくさんいるし人気《にんき》もあるからいて欲《ほ》しいよね~
ゴゴゴゴゴ
ああああああああっ!!

六 里

がしゃどくろ

がしゃどくろ（餓者髑髏《がしゃどくろ》）は、殺《ころ》されたり、野垂《のた》れ死《じ》にしたりして、きちんとお墓《はか》に埋葬《まいそう》されなかった人達《ひとたち》の恨《うら》みや骨《ほね》が集《あつ》まって、巨大《きょだい》な骸骨《がいこつ》の姿《すがた》になったといわれる妖怪《ようかい》。夜中《よなか》に出現《しゅつげん》し、「がしゃがしゃ」「ガチガチ」と音《おと》を立《た》てて、生《い》きている人《ひと》に襲《おそ》いかかってきて、握《にぎ》りつぶして食《た》べるといわれている。日本各地《にほんかくち》に昔《むかし》から伝《つた》わる民間伝承由来《みんかんでんしょうゆらい》の妖怪《ようかい》とは異《こと》なり、昭和《しょうわ》の中期《ちゅうき》に創作《そうさく》された妖《よう》怪《かい》。がしゃどくろのイメージとして有名《ゆうめい》な絵《え》は、江戸時代《えどじだい》の絵師《えし》・歌川《うたがわ》国芳《くによし》の「相馬《そうま》の古内裏《ふるだいり》」の浮世絵《うきよえ》だが、これはがしゃどくろを描《えが》いたものではなく、単《たん》に巨大《きょだい》な骸骨《がいこつ》を描《えが》いたものにすぎない。

狂骨《きょうこつ》

もう怖《こわ》い妖怪《ようかい》は嫌《いや》だ〜
妖怪《ようかい》って怖《こわ》いものだよ あ…狂骨《きょうこつ》だ
ボウ…
言《い》ってる傍《そば》からやばい奴《やつ》出《で》た
狂骨《きょうこつ》は井戸《いど》から現《あらわ》れる妖怪《ようかい》で凄《すさ》まじい怨《うら》みを持《も》つという
ゲ○ゲの鬼太郎《きたろう》の映画《えいが》で凶悪妖怪《きょうあくようかい》としてでてきたよ…
…
へっへっへっ狂骨様《きょうこつさま》ご機嫌《きげん》いかがですか？
すりすり
しかし実際《じっさい》は狂骨《きょうこつ》に関《かん》する伝承《でんしょう》がないため方言《ほうげん》や白骨《はっこつ》を意味《いみ》する言葉《ことば》から創作《そうさく》された妖怪《ようかい》という説《せつ》もある
…
え？
骸骨系《がいこつけい》の妖怪《ようかい》は怖《こわ》い外見《がいけん》と実体《じったい》が伴《ともな》ってない伝承《でんしょう》も多《おお》いんだよね…
偏見《へんけん》ごめんなさい…
その上《うえ》で祟《たた》る話《はなし》もあるよ
祟《たた》らないでくださいごめんなさい
オオオオォォ

七 里 狂骨《きょうこつ》

鳥山石燕《とりやませきえん》の『今昔百鬼拾遺《こんじゃくひゃっきしゅうい》』では、白《しろ》い衣《ころも》を纏《まと》った白髪《はくはつ》の骸骨《がいこつ》が、井戸《いど》の釣瓶《つるべ》に吊《つ》られて浮《う》かび上《あ》がった、幽霊《ゆうれい》のような姿《すがた》で描《えが》かれている。解説《せつ》では、狂骨《きょうこつ》が井戸《いど》から現《あらわ》れることや、凄《すさ》まじい怨《うら》みを持《も》つことが語《かた》られている。激《はげ》しさを意味《いみ》する方言《ほうげん》「きょうこつ」は、狂骨《きょうこつ》の怨《うら》みの激しさが由来《ゆらい》とも書《か》かれている。しかし、けたたましい様子《ようす》や素《す》っ頓狂《とんきょう》な様子《ようす》を意味《いみ》する「キョーコツナイ」という方言《ほうげん》はあるが、狂骨《きょうこつ》に関《かん》する伝承《でんしょう》などはないため、そうした方言や、肉《にく》の落《お》ちた白骨《はっこつ》を意味《いみ》する「髐骨《こつ》」という言葉《ことば》から、石燕《せきえん》が言葉《ことば》遊びで創作《そうさく》した妖怪《ようかい》という説《せつ》がある。

泥田坊《どろたぼう》

偏見《へんけん》はよくないな反省《はんせい》した…
あ、田《た》んぼにやばい感《かん》じの妖怪《ようかい》がおる
舌《した》の根《ね》も乾《かわ》かぬうちに偏見《へんけん》か
バンッ
バンッ
いやいやあれはどう見《み》てもやばいだろ?
田《た》を返《かえ》せ!!
田《た》を返《かえ》せ!!
あれは泥田坊《どろたぼう》だよ
バンッ
ドンッ
手《て》の指《ゆび》が三本《さんぼん》の単眼《たんがん》の老人《ろうじん》で全身《ぜんしん》が泥《どろ》なんだ
画図《がず》などでは上半身《じょうはんしん》のみ現《あらわ》した姿《すがた》で描《えが》かれている
下半身《かはんしん》どこいったの?
返《かえ》せ言《い》われても土地《とち》の権利《けんり》とか俺《おれ》ら無関係《むかんけい》だし…
バンッ
ドンッ
田を返せッ
「田《た》を返《かえ》せ」は「耕《たがや》せ」のことで「返却《へんきゃく》」という意味《いみ》じゃないよ
通《とお》りすがりの猫《ねこ》に田《た》を耕《たがや》せだと…?
やっぱ妖怪《ようかい》にはある程度《ていど》偏見《へんけん》も必要《ひつよう》なんじゃね?
バンッ
ドンッ
田を返せッ

八

里

泥田坊《どろたぼう》

鳥山石燕《とりやませきえん》の『今昔百鬼拾遺《こんじゃくひゃっきしゅうい》』では、単眼《たんがん》の老人《ろうじん》で、手《て》の指《ゆび》が三本《さんぼん》しかなく、全身《ぜんしん》が泥《どろ》でできており、泥田《どろた》から上半身《じょうはんしん》のみを現《あらわ》した姿《すがた》で描《えが》かれている。解説文《かいせつぶん》には、「北国《きたぐに》に住《す》む翁《おきな》が、子孫《しそん》のために買《か》い込《こ》んだ田《た》を残《のこ》して死《し》んでしまい、その息子《むすこ》は田畑《たはた》を耕《たがや》すこともせず、酒《さけ》びたりの日々《ひび》を過《す》ごし、父親《ちちおや》が残《のこ》した田《た》を売《う》り払《はら》ってしまう。その後《あと》、夜《よ》な夜《よ》な田《た》に一《ひと》つ目《め》の者《もの》が現《あらわ》れ『田《た》を返《かえ》せ、田《た》を返《かえ》せ』と罵《ののし》った」とある。ただ、そのような話《はなし》は他《ほか》の文献《ぶんけん》や伝承《でんしょう》では確認《かくにん》されておらず、『泥田《どろた》を棒《ぼう》で打《う》つ』という諺《ことわざ》から、石燕《せきえん》が名付《なづ》けたという説《せつ》がある。

ぬっぺふほふ

なんか腐肉臭《ふにくしゅう》がする…
スン…
突然《とつぜん》野性味《やせいみ》出《だ》すじゃん？
あ！
ぬっぺふほふさんだっ!!
ぬっぺふほふはのっぺらぼうの一種《いっしゅ》や原型《げんけい》とみられる
目《め》も耳《みみ》もない肉《にく》の塊《かたまり》の姿《すがた》で通《とお》った後《あと》は腐肉臭《ふにくしゅう》がする
ポ〇ポ〇プ〇ンくらいポムっとしているな～
そろー…
！
そー…
ポ〇モンでこういうやついそう～
食《た》べれば多力《たりょく》を得《え》る仙薬《せんやく》になる…
バッッ
ヒュンッ
ちなみに外見《がいけん》の割《わり》にかなり素早《すばや》くて捕獲《ほかく》が難《むずか》しい
待《ま》てええええっ!!
ダダダダッ
力《ちから》をよこせええっ!!

九 里 ぬっぺふほふ

「ぬっぺふほふ」や「ぬっぺっぽう」と呼《よ》ばれ、のっぺらぼうの一種《いっしゅ》や原型《げんけい》とみられる。顔《かお》と体《からだ》の区別《くべつ》がつかず、目《め》もなく耳《みみ》もない肉《にく》の塊《かたまり》のような姿《すがた》をしており、すべてが肉《にく》の皺《しわ》だともいう。多《おお》くの絵巻物《えまきもの》に名前《なまえ》と絵《え》はあるが、解説《かいせつ》の記述《きじゅつ》がほとんどなく、謎《なぞ》の多《おお》い妖怪《ようかい》。文献《ぶんけん》によっては、死肉《しにく》が化《ば》けて生《う》まれたともいわれ、この妖怪《ようかい》が通《とお》った後《あと》は腐肉《ふにく》のような臭《にお》いがするという。また、江戸《えど》時代《じだい》の随筆《ずいひつ》『一宵話《ひとよはなし》』には、ぬっぺふほふに似《に》た肉人《にくじん》が駿河城《するがじょう》の中庭《なかにわ》に現《あらわ》れたが、素早《すばや》く動《うご》いて捕獲《ほかく》できず追《お》い出《だ》したところ、薬学《やくがく》に詳《くわ》しい者《もの》が「食《た》べれば多力《たりょく》を得《え》る仙薬《せんやく》になったのに」と口惜《くや》しがったという。

見越し入道

ぬっぺふほふどこ行《い》った？
…ってゆうかここどこ？
お坊《ぼう》さんだ すみませーん!! 道《みち》に迷《まよ》ったんですが〜…
わああああああああっ!!
グググンッ
見《み》越《こ》し入道《にゅうどう》だああっ!!
見《み》越《こ》し入道《にゅうどう》は夜道《よみち》に僧《そう》の姿《すがた》などで現《あらわ》れ見上《みあ》げれば見上《みあ》げるほど大《おお》きくなる妖怪《ようかい》
わあああぁ
わあああぁ
「見《み》越《こ》し入道《にゅうどう》、見《み》越《こ》した」と言《い》わないと命《いのち》をとられたりする
見《み》越《こ》し入道《にゅうどう》、見《み》越《こ》した!!
ああああああ
鳥《とり》しか見《み》とらん
お前さんクールだね
ぬっぺふほふ見《み》ませんでしたか？
連呼《れんこ》せんでも猫《ねこ》や妖怪《ようかい》は襲《おそ》わんって…
見《み》越《こ》し入道《にゅうどう》、見《み》越《こ》した!!
わあああ
見《み》越《こ》し入道《にゅうどう》、見《み》越《こ》した!!

十

里

見越《みこ》し入道《にゅうどう》

夜中《よなか》に坂《さか》を上《のぼ》ると小坊主《こぼうず》が行《ゆ》く手《て》に立《た》ちはだかり、どんどん大《おお》きくなっていく。夜道《よみち》を歩《ある》いていると僧《そう》の姿《すがた》で突然現《とつぜんあらわ》れ、見上《みあ》げれば見上《みあ》げるほど大《おお》きくなる。どちらの場合《ばあい》も見越《みこ》し入道《にゅうどう》と気《き》づいたら、「見越《みこ》し入道《にゅうどう》、見越《みこ》した」と唱《とな》えると消《き》えるが、飛《と》び越《こ》されると襲《おそ》われて死《し》んでしまうという。また、長崎県《ながさきけん》の壱岐市《いきし》では、夜中《よなか》に歩《ある》いていると頭上《ずじょう》から笹《ささ》の音《おと》がする。すかさず、「見越《みこ》し入道《にゅうどう》、見抜《みぬ》いた」と言《い》わなければ、近《ちか》くの竹《たけ》が倒《たお》れてきて死《し》んでしまう。見上《みあげ》入道《にゅうどう》、高入道《たかにゅうどう》など、この類《たぐい》の妖怪《ようかい》や怪異《かいい》は、何《なに》もしないと殺《ころ》されてしまうが、すぐさま正体《しょうたい》を見抜《みぬ》き対処《たいしょ》すれば、逃《のが》れることができる。

産女《うぶめ》と姑獲鳥《こかくちょう》

十一 里 産女《うぶめ》と姑獲鳥《こかくちょう》

産女《うぶめ》は、難産《なんざん》で命《いのち》を落《お》とした女性《じょせい》の霊《れい》が妖怪《ようかい》となったもので、主《おも》に血《ち》に染《そ》まった腰巻《こしまき》を纏《まと》い、赤《あか》ん坊《ぼう》を抱《だ》いて、川辺《かわべ》や道《みち》の辻《つじ》に現《あらわ》れる。人《ひと》に会《あ》うと「子供《こども》を負《お》ぶってくれ」と頼《たの》み、逃《に》げればその後《あと》、悪寒《おかん》と高熱《こうねつ》にうかされて死《し》に至《いた》る。赤子《あかご》を抱《だ》くと、どんどん重《おも》くなり、この試練《しれん》に耐《た》えた者《もの》は怪力《かいりき》を授《さず》かったという。中国《ちゅうごく》に姑獲鳥《こかくちょう》という怪鳥《かいちょう》がいるが、これは産婦《さんぷ》の霊《れい》が化《ば》けたものとされ、産女《うぶめ》の怪異《かいい》と混同《こんどう》されていった。姑獲鳥《こかくちょう》は姿《すがた》や鳴《な》き声《ごえ》がカモメに似《に》た鳥《とり》で、赤子《あかご》を連《つ》れた女性《じょせい》に化《ば》けて、「子供《こども》を負《お》ぶってくれ」と頼《たの》み、逃《に》げると祟《たた》られ、死《し》に至《いた》ることもあったという。

以津真天

鳥《とり》しかいないと言《い》われたけど…(二《に》度目《どめ》)
ゴオォォオ
「怪鳥《かいちょう》」しかいないじゃないかぁぁ!!
以津真天《いつまで》だね 戦《いくさ》や飢餓《きが》で亡《な》くなった人《ひと》を放《ほう》っておくと
死体《したい》の近《ちか》くで「いつまで」と鳴《な》いて死体《したい》を食《く》らう妖怪《ようかい》
いつまで
お前《まえ》いつも冷静《れいせい》すぎない?
え?
タッ タッ タッ タッ
つまり…この近《ちか》くに死体《したい》が…!?
カッ…
真実《しんじつ》はいつ
はいストップ著作権《ちょさくけん》!!
ぬっぺふほふには死肉《しにく》が化《ば》けて生《う》まれた説《せつ》があるね…
そういえば…
いつまで
あいつの腐肉臭《ふにくしゅう》のせいか!!
おのれぬっぺふほふ!!
あっ
くすっ
タッ タッ タッ タッ

十二

里

以津真天《いつまで》

『太平記《たいへいき》』に「いつまで」と鳴《な》く怪《かい》鳥《ちょう》が登場《とうじょう》する。その鳴《な》き声《ごえ》にちなみ、江戸《えど》時代《じだい》の画家《がか》・鳥山石燕《とりやませきえん》が、『今昔画図続百鬼《こんじゃくがずぞくひゃっき》』において「以津《いつ》真天《まで》」と命名《めいめい》した。戦《いくさ》や飢餓《きが》で亡《な》くなった死体《したい》をそのまま放《ほう》っておくと、死体《したい》の近《ちか》くで「いつまで、いつまで」と鳴《な》いて死体《したい》を食《く》らう。この「いつまで」は、「死体《したい》をいつまで放《ほう》っておくのか」という意味《いみ》で、死《し》者《しゃ》の怨念《おんねん》が鳥《とり》の姿《すがた》をとって現《あらわ》れたともいわれる。頭《あたま》は鬼《おに》か人間《にんげん》、身体《からだ》は竜《りゅう》または蛇《へび》、歯《は》や爪《つめ》は鋭《するど》く、羽《はね》を伸《の》ばすと五《ご》メートルを超《こ》える。両足《りょうあし》に剣《けん》のような鋭《するど》い爪《つめ》があり口《くち》から火《ひ》を吐《は》く。出現《しゅつげん》した土地《とち》では疫病《えきびょう》が蔓延《まんえん》し、死体《したい》が積《つ》みあがるという。

天邪鬼《あまのじゃく》

こっちが安全《あんぜん》じゃよ!!
タッ
ピタッ
ハッ
あれは師匠《ししょう》の声《こえ》!?
ハッ
タッ
はぁはぁ…ここなら安全《あんぜん》…
ゼーハー
キシシ
んー…師匠《ししょう》がいるはずはないのにな…
カタン…
ん?
ひょこっ
天邪鬼《あまのじゃく》だったぁぁ!!
キシッ
わーっ
ひーっ
タッ
天邪鬼《あまのじゃく》は人《ひと》の心《こころ》を読《よ》み取《と》り口真似《くちまね》でからかう悪戯《いたずら》などをする
ほ～
タッ
子供《こども》の悪戯《いたずら》レベルから人殺《ひとごろ》しまで悪行《あくぎょう》はさまざま
タッ

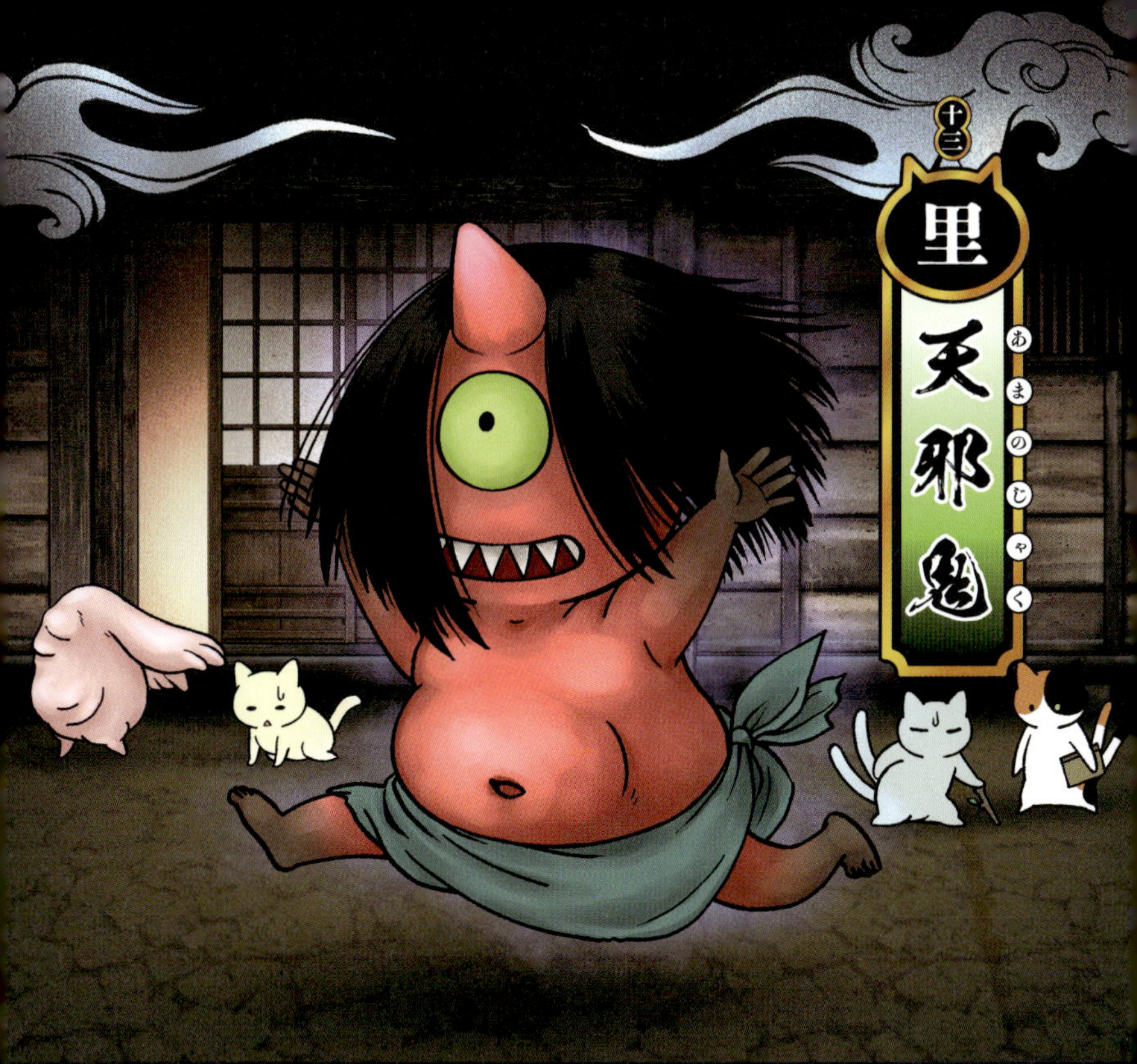

十三

里

天邪鬼《あまのじゃく》

人《ひと》の心《こころ》を読《よ》み取《と》り、口真似《くちまね》でからかったり、悪戯《いたずら》をしかけたりする小《こ》鬼《おに》の一種《いっしゅ》。起源《きげん》は日本神話《にほんしんわ》にまで遡《さかのぼ》り、仏教《ぶっきょう》では人間《にんげん》の煩悩《ぼんのう》を表《あらわ》す悪鬼《あっき》として登場《とうじょう》する。民話《みんわ》にも数多《かずおお》く登場《とうじょう》し、土地《とち》や時代《じだい》により、さまざまな伝承《でんしょう》がある。声《こえ》を真似《まね》することから、木霊《こだま》や山彦《やまびこ》をアマノジャクと呼《よ》んだり、巨人《きょじん》のようなものとして伝《つた》えている地域《ちいき》もある。天邪鬼《あまのじゃく》の悪行《あくぎょう》は、子供《こども》の悪戯程度《いたずらていど》のものから、人殺《ひとごろ》しに至《いた》るまでさまざまで、有名《ゆうめい》な「瓜子姫《うりこひめ》」の昔話《むかしばなし》でも、地方《ちほう》によって天邪鬼《あまのじゃく》の描《えが》かれ方《かた》が違《ちが》う。姫《ひめ》が連《つ》れ去《さ》られて助《たす》けられる話《はなし》もあれば、姫《ひめ》を殺《ころ》して、剥《は》がした生皮《なまかわ》を被《かぶ》って成《な》りすます、陰惨《いんさん》な話《はなし》もある。

おとろし

ひどいめにあった…鳥妖怪《とりようかい》やば…
ハアハア
あ、お寺《てら》だ
鳥居《とりい》あるから神社《じんじゃ》じゃない？
どっちでもいいから隠《かく》れよう…
ドシンッ
え？
ギロリ…
おとろしだぁああぁっ!!
おとろしは神社《じんじゃ》や寺《てら》に不信心者《ふしんじんしゃ》が近《ちか》づくと…突然《とつぜん》どしんと落《お》ちてきて驚《おどろ》かす妖怪《ようかい》だといわれている
じろっ…
どっちでもいいとか言《い》ってごめんなさい!!

十四 里 おとろし

近年《きんねん》の妖怪図鑑《ようかいずかん》などでは、神社《じんじゃ》や寺《てら》に悪意《あくい》を持《も》つ人間《にんげん》が侵入《しんにゅう》すると、突然《とつぜん》「ドシン！」と上《うえ》から落《お》ちてきて、驚《おどろ》かす妖怪《ようかい》とされている。悪戯《いたずら》をすれば殺《ころ》してしまうこともあるという。一度《いちど》も寺《てら》の参拝《さんぱい》をしたことのない不信心者《ふしんじんしゃ》が、母《はは》の葬式《そうしき》で寺《てら》の門《もん》をくぐろうとしたところ、突然太《とつぜんふと》い腕《うで》に摑《つか》まえられ、吊《つる》し上《あ》げられたという話《はなし》がある。しかし、実際《じっさい》にそのような伝承《でんしょう》はなく、鳥山石燕《とりやませきえん》の『画《が》図《ず》百鬼夜行《ひゃっきやこう》』から想像《そうぞう》した創作《そうさく》だという。多《おお》くの絵巻物《えまきもの》では、長《なが》い髪《かみ》に顔《かお》をおおわれ、前髪《まえがみ》をたらした姿《すがた》で描《えが》かれているが、名称以外《めいしょういがい》の解説文《かいせつぶん》が一切《いっさい》なく、民間伝承《みんかんでんしょう》も存在《そんざい》しないため、不明《ふめい》な点《てん》が多《おお》い妖怪《ようかい》である。

鬼《おに》

うう… 渡《わた》る世間《せけん》は 鬼《おに》ばかり…

ハー…

ガサッ…

鬼《おに》ばかりとか 言《い》ってたら… 鬼《おに》いいい!!

待《ま》てよ… 伝承《でんしょう》では 怖《こわ》い鬼《おに》が有名《ゆうめい》 だけどさ…

神《かみ》として 祀《まつ》られたり… いい鬼《おに》だって いるんだぞ
そうなの!?

オニは「隠《オヌ》」が 転《てん》じたもので… 元来《がんらい》は災害《さいがい》や 病気《びょうき》を引《ひ》き起《お》こす 目《め》に見《み》えない 存在《そんざい》だったとか…

今《いま》の鬼《おに》の姿《すがた》は 仏教経典《ぶっきょうきょうてん》にある 地獄《じごく》の鬼《おに》の姿《すがた》の 影響《えいきょう》らしいね
へぇ～

ちなみに 君《きみ》らはいい鬼《おに》? 悪《わる》い鬼《おに》…?

あれ…急《きゅう》に 熱《ねつ》出《で》てきた…

ボー…

ニヤリ…

どっちだと 思《おも》う～?

風邪?

十五 里 鬼《おに》

一般的《いっぱんてき》に描《えが》かれる鬼《おに》は、頭《あたま》に二本《にほん》、もしくは一本《いっぽん》の角《つの》と鋭《するど》い爪《つめ》を持《も》ち、虎《とら》の皮《かわ》の褌《ふんどし》に金棒《かなぼう》を持《も》った大男《おおおとこ》の姿《すがた》をしている。牛《うし》の角《つの》や虎《とら》の皮《かわ》を身《み》に着《つ》けているのは、鬼門《きもん》である丑寅《うしとら》の方角《ほうがく》（北東《ほくとう》）から現《あらわ》れることに関係《かんけい》する。オニは「隠《オヌ》」が転《てん》じたもので、元来《がんらい》は災害《さいがい》や病気《びょうき》を引《ひ》き起《お》こす、目《め》に見《み》えない存在《そんざい》だった。また、悪《あく》としてだけではなく、善行《ぜんこう》を崇《あが》められ神《かみ》として祀《まつ》られたり、さまざまな性《せい》質《しつ》で語《かた》られてきた。今《いま》の鬼《おに》の姿《すがた》は、仏教経典《ぶっきょうきょうてん》に描《えが》かれた地獄《じごく》の鬼《おに》の図《ず》像《ぞう》が影響《えいきょう》したと考《かんが》えられている。平《へい》安《あん》時代《じだい》の説話《せつわ》では、酒呑童子《しゅてんどうじ》や茨木《いばらき》童子《どうじ》など、数多《かずおお》くの鬼《おに》が恐《おそ》ろしい怪《かい》物《ぶつ》として英雄譚《えいゆうたん》に登場《とうじょう》する。

震々《ぶるぶる》

里《さと》って意外《いがい》と やばい妖怪《ようかい》が 多《おお》いんだねぇ
まだ寒気《さむけ》が する…
ブル ブル
大丈夫《だいじょうぶ》？
いや… この寒気《さむけ》は 病気《びょうき》じゃない…
ブル ブル
首筋《くびすじ》がゾッとして 理由《りゆう》もなく恐怖《きょうふ》を 感《かん》じて逃《に》げ出《だ》したい 衝動《しょうどう》に駆《か》られる… そんな寒気《さむけ》だ…
解説《かいせつ》みたいな 寒《さむ》がり方《かた》 するじゃん？
それは妖怪《ようかい》 震々《ぶるぶる》に 取《と》り憑《つ》かれた ときの特徴《とくちょう》だね
鳥山石燕《とりやませきえん》は 全身《ぜんしん》が震《ふる》えた 女幽霊《おんなゆうれい》の姿《すがた》で 描《えが》いているよ
あぁぁぁぁぁ
さむいぃぃぃぃ
ブル ブル
フラグ だったか
冷静《れいせい》に辺《あた》りを よく見《み》ると…
ところてん みたいなものが ふわふわ浮《う》いてる とも言《い》うね…
あ… 浮いてるね
タスケテ…
ブル ブル
お前《まえ》いつも 冷静《れいせい》だよね… 尊敬《そんけい》するわ…

鳥山石燕《とりやませきえん》の『今昔画図続百鬼《こんじゃくがずぞくひゃっき》』によれば、別名《べつめい》「臆病神《おくびょうがみ》」「ぞぞ神《がみ》」とも呼《よ》ばれ、全身《ぜんしん》が震《ふる》えた女幽霊《おんなゆうれい》のような姿《すがた》で描《えが》かれている。臆病神《おくびょうがみ》とは、敵《てき》に後《うし》ろを見《み》せるような、臆病《びょう》な心《こころ》を生《しょう》じさせる神《かみ》であり、ぞぞ神《がみ》とは、恐怖《きょうふ》や緊張《きんちょう》で全身《ぜんしん》の毛《け》をそそけ立《だ》たせる神《かみ》なのだという。よく、人気《ひとけ》のない場所《ばしょ》で首筋《くびすじ》がゾッとしたり、理由《りゆう》もなく恐怖《きょうふ》を感《かん》じたりして、そこから逃《に》げ出《だ》したい衝動《しょうどう》に駆《か》られるのは、震々《ぶるぶる》が取《と》り憑《つ》いたせいだとされる。どの説話《せつわ》でも、その姿《すがた》を見《み》た者《もの》はいないが、冷静《れいせい》に辺《あた》りをよく見《み》ると、ところてんのようなものがふわふわ浮《う》いているという説もある。

雨降《あめふり》小僧《こぞう》

十七 里 雨降小僧《あめふりこぞう》

鳥山石燕《とりやませきえん》の『今昔画図続百鬼《こんじゃくがずぞくひゃっき》』では、雨降小僧《あめふりこぞう》は、中骨《なかぼね》を抜《ぬ》いた和傘《わがさ》を頭《あたま》に被《かぶ》り、提灯《ちょうちん》を手《て》にした子供《こども》の姿《すがた》で描《えが》かれている。解説《かいせつ》には、「中国《ちゅうごく》の雨《あめ》の神《かみ》である『雨師《うし》』に仕《つか》える侍童《じどう》」とある。東北《とうほく》の岩手県上閉伊郡《いわてけんかみへいぐん》には、雨降小僧《あめふりこぞう》と狐《きつね》の嫁入《よめい》りの話《はなし》がある。狐《きつね》が仙人峠《せんにんとうげ》で結婚式《けっこんしき》を挙《あ》げるために、雨降小僧《あめふりこぞう》に雨《あめ》を降《ふ》らして欲《ほ》しいと頼《たの》むと、雨降小僧《あめふりこぞう》はこれを快諾《かいだく》し、持《も》っていた提灯《ちょうちん》を揺《ゆ》らすと、たちまち雨《あめ》が降《ふ》りだして、その中《なか》を狐《きつね》の嫁入《よめい》りが続《つづ》いていったという。雨降小僧《あめふりこぞう》は妖怪《ようかい》ではあるが、雨《あめ》を降《ふ》らすことのできる力《ちから》を持《も》つ、神《かみ》様《さま》に近《ちか》い存在《そんざい》とされている。

一《ひと》つ目小僧《めこぞう》

十八 里 一《ひと》つ目《め》小《こ》僧《ぞう》

額《ひたい》の真《ま》ん中《なか》に目《め》が一《ひと》つだけある、坊《ぼう》主頭《ずあたま》の子供《こども》の姿《すがた》をした妖怪《ようかい》。突然《とつぜん》現《あらわ》れて驚《おどろ》かすだけなので、妖怪《ようかい》の中《なか》では無害《むがい》な部類《ぶるい》である。豆腐《とうふ》を持《も》った姿《すがた》で描《えが》かれることが多《おお》いが、これは、一《ひと》つ目《め》小僧《こぞう》が豆《まめ》を嫌《きら》うという伝《でん》承《しょう》がいつしか好物《こうぶつ》が豆腐《とうふ》だという伝《でん》承《しょう》に、すり替《か》わってしまったかららしい。一《ひと》つ目《め》小僧《こぞう》の有名《ゆうめい》な話《はなし》としては、江戸時代《えどじだい》、男《おとこ》が所用《しょよう》で麻布《あざぶ》の武《ぶ》家屋敷《けやしき》を訪《おとず》れたところ、十歳《じゅっさい》ほどの小僧《こぞう》が現《あらわ》れ、床《とこ》の間《ま》の掛《か》け軸《じく》を巻《ま》き上《あ》げたり下《お》ろしたりを繰《く》り返《かえ》した。男《おとこ》が注意《ちゅうい》すると、「だまっていてよ」と振《ふ》り返《かえ》り、その顔《かお》には目《め》が一《ひと》つしかなかった。その屋敷《やしき》では年《ねん》に数回《すうかい》、一《ひと》つ目《め》小僧《こぞう》が現《あらわ》れたという。

朧車《おぼろぐるま》

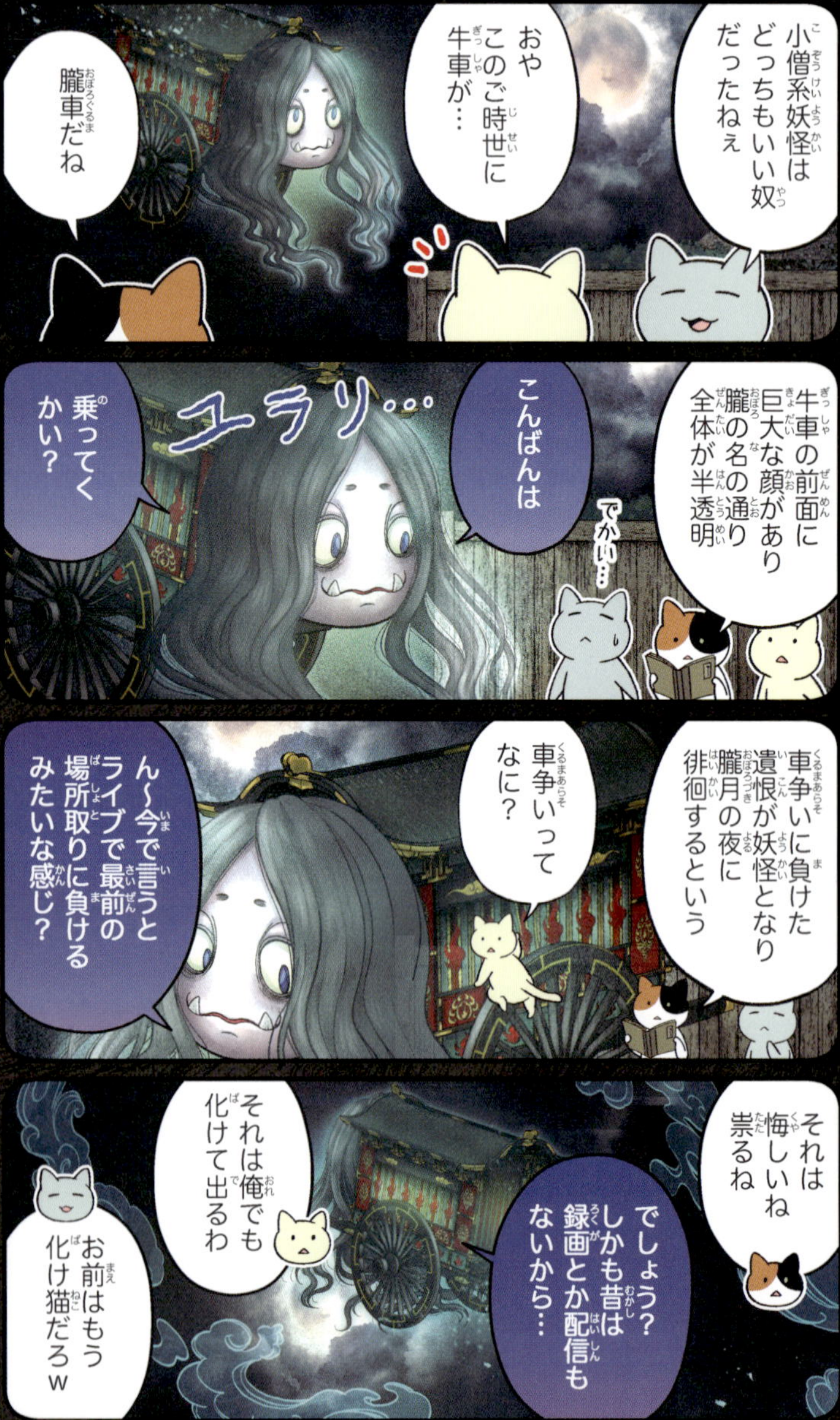
小僧系妖怪《こぞうけいようかい》はどっちもいい奴《やつ》だったねぇ
おや このご時世《じせい》に牛車《ぎっしゃ》が…
朧車《おぼろぐるま》だね
牛車《ぎっしゃ》の前面《ぜんめん》に巨大《きょだい》な顔《かお》があり朧《おぼろ》の名《な》の通《とお》り全体《ぜんたい》が半透明《はんとうめい》
でかい…
こんばんは
ユラリ…
乗《の》ってくかい？
車争《くるまあらそ》いに負《ま》けた遺恨《いこん》が妖怪《ようかい》となり朧月《おぼろづき》の夜《よる》に徘徊《はいかい》するという
車争《くるまあらそ》いってなに？
ん〜今《いま》で言《い》うとライブで最前《さいぜん》の場所取《ばしょと》りに負《ま》けるみたいな感《かん》じ？
それは悔《くや》しいね 祟《たた》るね
でしょう？しかも昔《むかし》は録画《ろくが》とか配信《はいしん》もないから…
それは俺《おれ》でも化《ば》けて出《で》るわ
お前《まえ》はもう化《ば》け猫《ねこ》だろw

十九

里　朧《おぼろ》車《ぐるま》

鳥山石燕《とりやませきえん》の『今昔百鬼拾遺《こんじゃくひゃっきしゅうい》』に描《えが》かれた妖怪《ようかい》の一《ひと》つで、牛車《ぎっしゃ》の前面《ぜんめん》の、本来《ほんらい》は簾《すだれ》がかかっている所《ところ》に巨大《きょだい》な顔《かお》があり、朧《おぼろ》の名《な》の通《とお》り、全体《ぜんたい》が半《はん》透明《とうめい》である。解説《かいせつ》には、「むかし賀《か》茂《も》の大路《おおじ》をおぼろ夜《よ》に車《くるま》のきしる音《おと》しけり。出《で》てみれば異形《いぎょう》のもの也《なり》。車争《くるまあらそい》の遺恨《いこん》にや」とある。「車争《くるまあらそ》い」とは、平安時代《へいあんじだい》に祭礼《さいれい》などで、貴族《きぞく》たちの見物《けんぶつ》の牛車《ぎっしゃ》が場所《ばしょ》を取《と》り合《あ》うことで、その争《あらそ》いに負《ま》けた遺恨《いこん》が妖怪《ようかい》となり、朧月夜《おぼろづきよ》に車《くるま》の軋《きし》る音《おと》を立《た》てながら徘徊《はいかい》するという。『源氏《げんじ》物語《ものがたり》』の六条御息所《ろくじょうのみやすどころ》が車争《くるまあらそ》いで葵《あおい》の上《うえ》に敗《やぶ》れ、その怨念《おんねん》が生霊《いきりょう》と化《か》す話《はなし》は有名《ゆうめい》だが、この話《はなし》が朧車《おぼろぐるま》の元《もと》になったという説《せつ》がある。

輪入道《わにゅうどう》

ゴオオオ
やっべぇ…気《き》ぃ抜《ぬ》いてた何《なん》で輪入道《わにゅうどう》がおるん？
しっ…気配《けはい》悟《さと》られるだけでも詰《つ》みだから…
輪《わ》入道《にゅうどう》は日《ひ》が暮《く》れると街《まち》を徘徊《はいかい》する…
炎《ほのお》に包《つつ》まれた牛車《ぎっしゃ》の片輪《かたわ》中央《ちゅうおう》にひげづらの大《おお》きな男《おとこ》の顔《かお》がついた妖怪《ようかい》
見《み》た者《もの》は魂《たましい》を奪《うば》われてしまう
片輪車《かたわぐるま》がルーツだという
片輪車《かたわぐるま》って…姿《すがた》を覗《のぞ》き見《み》したら子供《こども》の足《あし》を食《く》われてたっていう話《はなし》じゃないっけ？
ひぃっっ
「此所勝母の里《このところしょうぼのさと》」という呪符《じゅふ》を戸口《とぐち》に貼《は》ると近《ちか》づいて来《こ》ない
戸口《とぐち》ない…ここ外《そと》…
壁《かべ》でもいいから貼《は》っておくか…ないよりマシ？
ペタ
ペタ
此所勝母の里
のり
ギロリッ…
くるっ
ひいいいいいいっ!!

輪入道《わにゅうどう》は、炎《ほのお》に包《つつ》まれた牛車《ぎっしゃ》の片輪《かたわ》の中央《ちゅうおう》に、ひげづらの大《おお》きな男《おとこ》の顔《かお》がついた妖怪《ようかい》。日《ひ》が暮《く》れると街《まち》を徘徊《はいかい》し、見《み》た者《もの》は魂《たましい》を奪《うば》われてしまうが、「此所勝母《このところしょうぼ》の里《さと》」という呪符《じゅふ》を戸口《とぐち》に貼《は》ると近《ちか》づいて来《こ》ないという。輪入道《わにゅうどう》は、京都《きょうと》の妖怪《ようかい》「片輪車《かたわぐるま》」がルーツだと考《かんが》えられている。ある女《おんな》が、片輪車《かたわぐるま》の姿《すがた》をこっそり覗《のぞ》き見《み》たところ、車輪《しゃりん》の真《ま》ん中《なか》に人《ひと》の足《あし》をくわえた入道《にゅうどう》の顔《かお》があり、「我見《われみ》るより我《わ》が子《こ》を見《み》よ」と叫《さけ》んだ。自分《じぶん》の子《こ》を見《み》ると、くわえていた足《あし》は我《わ》が子《こ》のものだったという。片輪車《かたわぐるま》は美女《びじょ》を乗《の》せた片輪《かたわ》の牛車《ぎっしゃ》のときもあり、そちらは子供《こども》をさらうだけで返《かえ》してくれたという。

塗壁《ぬりかべ》

ふー…輪入道《わにゅうどう》いなくなったね…
ねぇ
ホッ…
ん？ 何《なに》
ねぇ
呼《よ》んだ？
此所勝母の里
ねぇ…僕《ぼく》に貼《は》った呪符《じゅふ》を剥《は》がしてよ
ヌッ…
わっ!! 壁《かべ》がしゃべった!!
塗壁《ぬりかべ》だ
此所勝母
塗壁《ぬりかべ》は…見《み》えない壁《かべ》で夜道《よみち》を歩《ある》く人《ひと》の行《ゆ》く手《て》を阻《はば》む妖怪《ようかい》
ペリペリ
塗壁《ぬりかべ》ってコンクリの壁《かべ》に手足《てあし》がついたような奴《やつ》では？
こういうの
あれは水木《みずき》先生《せんせい》の創作《そうさく》した姿《すがた》だよ
塗壁《ぬりかべ》の姿《すがた》は三《み》つ目《め》の獅子《しし》や犬《いぬ》みたいなのとかいろいろあるんだ
契約《けいやく》したら魔法少女《まほうしょうじょ》にするやつと親戚《しんせき》じゃない？
似てねーよ
僕《ぼく》を壁《かべ》にして助《たす》かったくせに失礼《しつれい》な猫《ねこ》だな…

二十一

里

塗《ぬり》壁《かべ》

九州北部《きゅうしゅうほくぶ》に伝《つた》わる妖怪《ようかい》の一種《いっしゅ》で、柳田國男《やなぎたくにお》の『妖怪談義《ようかいだんぎ》』では、福岡県遠賀郡《けんおんがぐん》の海岸《かいがん》に現《あらわ》れたという。夜《よ》道《みち》を歩《ある》いていると、見《み》えない壁《かべ》のようなものが行《ゆ》く手《て》を阻《はば》み、前《まえ》に進《すす》めなくなり、壁《かべ》の上《うえ》の方《ほう》を払《はら》っても手《て》ごたえがなかったが、下《した》の方《ほう》を払《はら》うと忽然《こつぜん》と消《き》えたという。大分県《おおいたけん》では動物《どうぶつ》の怪異《かいい》として「狸《たぬき》の塗《ぬ》り壁《かべ》」や「イタチの塗《ぬ》り壁《かべ》」などが伝《つた》わっている。夜道《よみち》を歩《ある》いていると急《きゅう》に目《め》の前《まえ》が真《ま》っ暗《くら》になるが、それは狸《たぬき》の仕《し》業《わざ》で、着物《きもの》の後《うし》ろ帯《おび》の結《むす》び目《め》に狸《たぬき》が乗《の》って両手《りょうて》で目《め》を塞《ふさ》ぐので、帯《おび》を前《まえ》に結《むす》べば避《さ》けられるという。また、七曲《ななまがり》という坂道《さかみち》には、小豆《あずき》とぎという妖怪《ようかい》と一緒《いっしょ》に現《あらわ》れた伝承《でんしょう》もある。

件《くだん》

ふぅ…そろそろ里《さと》の妖《よう》怪《かい》探《たん》索《さく》も終《お》わりか…
里《さと》でこれだと山《やま》とか水辺《みずべ》とかもっとやばいのいそうだねぇ…
あ！
ブモッ
件《くだん》だ
件《くだん》は…人《ひと》と牛《うし》が一体《いったい》になった姿《すがた》の予《よ》言《げん》獣《じゅう》で…
人語《じんご》をあやつりみずからを件《くだん》と名《な》乗《の》ったという
我《われ》は件《くだん》
スッ…
名《な》乗《の》った！
記述《きじゅつ》によると作物《さくもつ》の豊《ほう》凶《きょう》とか戦《せん》争《そう》や災《さい》厄《やく》とか重要《じゅうよう》な予言《よげん》を残《のこ》し数日《すうじつ》のうちに死《し》んだらしい
カッ…
猫《ねこ》も鳴《な》かずば撃《う》たれまい
猫《ねこ》も!? 雉《きじ》じゃあなくって？
ガクッ
待《ま》って!! 今《いま》の予言《よげん》やり直《なお》して!!
この先《さき》もまた余計《よけい》な一言《ひとこと》で禍《わざわい》を招《まね》くのか…

二十二 里

件《くだん》

九州《きゅうしゅう》・四国地方《しこくちほう》の妖怪《ようかい》。江戸時代《えどじだい》から出現《しゅつげん》の記録《きろく》がみられ、明治時代《めいじじだい》の中頃《なかごろ》からは、日本各地《にほんかくち》で知《し》られるところとなった予言獣《よげんじゅう》。「件《くだん》」という漢字《かんじ》が示《しめ》す通《とお》り、人《ひと》と牛《うし》とが一体《いったい》になった姿《すがた》をしている。牛《うし》から生《う》まれた「件《くだん》」に関《かん》する記述《きじゅつ》によれば、人面牛身《じんめんぎゅうしん》の子牛《こうし》で、人語《じんご》をあやつり、みずからを「件《くだん》」だと名乗《なの》ったものもある。また、予言《よげん》を残《のこ》して数日《すうじつ》のうちに死《し》んだという。明治《めいじ》の文献《ぶんけん》でも牛《うし》の子《こ》として生《う》まれた記述《きじゅつ》がみられる。予言《よげん》の内容《ないよう》は、作物《さくもつ》の豊凶《ほうきょう》や疫病《えきびょう》の流行《りゅうこう》、干《かん》ばつや戦争《せんそう》など、重要《じゅうよう》な事柄《ことがら》が多《おお》く、「件《くだん》の如《ごと》し」というように、それは嘘偽《うそいつわ》りがなく、間違《まちが》いなく起《お》こるとされている。

Jamの妖《よう》怪《かい》聖《せい》地《ち》巡《じゅん》礼《れい》

《その一《いち》》

浅《あさ》草《くさ》編《へん》

江戸《えど》時代《じだい》より繁華街《はんかがい》として栄《さか》えた町《まち》「浅草《あさくさ》」
妖怪《ようかい》レポ漫画《まんが》第一弾《だいいちだん》は浅草《あさくさ》です!!
レポでは関東《かんとう》の妖怪《ようかい》スポットを三回《さんかい》に分《わ》けて紹介《しょうかい》します！
今回周《こんかいまわ》ったルートはこちらです
浅草寺
↓
牛嶋神社
↓
姥ケ池
↓
伝法院鎮護堂
↓
合羽橋
↓
曹源寺
雷門《かみなりもん》で有名《ゆうめい》な浅草寺《せんそうじ》には…
八百年前《はっぴゃくねんまえ》に隅田川《すみだがわ》に棲《す》む牛鬼《うしおに》が現《あらわ》れた伝承《でんしょう》があります
ひょこっ
来ちゃった
牛鬼《うしおに》は突然現《とつぜんあらわ》れ寺《てら》を走《はし》り回《まわ》り…
目撃《もくげき》した寺僧《じそう》の二十四人《にじゅうよにん》は病《やまい》に倒《たお》れ七人《しちにん》は即死《そくし》したそうです
牛鬼《うしおに》は見《み》ただけで病《やまい》にかかったり即死《そくし》する恐《おそ》ろしい怪物《かいぶつ》なんです
牛だ!!
飛行機だ!!
牛鬼だ〜!!
なんて迷惑な…
そして牛鬼《うしおに》は浅草寺《せんそうじ》から牛嶋神社《うしじまじんじゃ》に逃《に》げ込《こ》みます
隅田川
ぴゅ――っ
牛嶋神社
浅草寺

牛嶋神社《うしじまじんじゃ》で牛鬼《うしおに》は消《き》えますが…玉《たま》を一《ひと》つ落《お》としていきます
静かでいい神社…
その玉《たま》が社宝《しゃほう》の牛玉《うしだま》だそうです
隅田川《すみだがわ》を越《こ》えて浅草寺《せんそうじ》方面《ほうめん》に戻《もど》ります
言問橋～♪
戻《もど》る道中《どうちゅう》に花川戸公園《はなかわどこうえん》があり姥ヶ池《うばがいけ》の碑《ひ》が置《お》かれています
この辺《あた》りには旅人《たびびと》の頭《あたま》を石枕《いしまくら》で叩《たた》き殺《ころ》す老婆《ろうば》がいました
ある日《ひ》旅人《たびびと》の身代《みが》わりになった自分《じぶん》の娘《むすめ》を殺《ころ》してしまい老婆《ろうば》は悲《かな》しみ悪行《あくぎょう》を悔《く》やんで池《いけ》に身投《みな》げしたそうです…
浅草寺《せんそうじ》を過《す》ぎると伝法院通《でんぼういんどお》りに伝法院鎮護堂《でんぼういんちんごどう》があります
伝法院通
ここは浅草寺《せんそうじ》の住職《じゅうしょく》の夢《ゆめ》に現《あらわ》れたおたぬきさまが祀《まつ》られてます
祠《ほこら》を建《た》てたら伝法院《でんぼういん》を火災《かさい》から守《まも》る約束《やくそく》をしたとかで火難除《かなんよ》けのご利益《りやく》があるそうです

最後《さいご》は合羽橋《かっぱばし》と通称《つうしょう》かっぱ寺《でら》の曹源寺《そうげんじ》です
合羽橋《かっぱばし》には河童《かっぱ》オブジェやかっぱ河太郎《かわたろう》の像《ぞう》があります
すごい存在感…
約二百年前《やくにひゃくねんまえ》…商人合羽屋喜八《しょうにんかっぱやきはち》が水《みず》はけが悪《わる》く洪水《こうずい》の多《おお》いこの地《ち》を見《み》かねて…
河太郎は金ぴか〜
私財《しざい》を投《とう》じて治水工事《ちすいこうじ》を始《はじ》めたけれど難航《なんこう》します
喜八《きはち》の善行《ぜんこう》に感動《かんどう》した隅田川《すみだがわ》の河童《かっぱ》たちが夜《よ》な夜《よ》な工事《こうじ》を手伝《てつだ》い無事《ぶじ》に完成《かんせい》します
手伝う？
手伝う
河童《かっぱ》を見《み》た人《ひと》は運《うん》が開《ひら》け商売《しょうばい》も繁盛《はんじょう》したとか…
曹源寺《そうげんじ》には河童大明神《かっぱだいみょうじん》が祀《まつ》られ…
合羽屋喜八《かっぱやきはち》の墓所《ぼしょ》もここにあります
カッパの手のミイラもあるよ
入口《いりぐち》のかっぱのぎーちゃん像《ぞう》は芸大生《げいだいせい》の作品《さくひん》らしいです
怖っ!!
河童像《かっぱぞう》や狸像《たぬきぞう》の他《ほか》にも牛嶋神社《うしじまじんじゃ》に撫《な》で牛《うし》の石像《せきぞう》があったり…
牛撫でてきた〜
浅草《あさくさ》は妖怪伝承《ようかいでんしょう》の痕跡《こんせき》を楽《たの》しめる妖怪愛《ようかいあい》にあふれた素敵《すてき》な町《まち》でした

第《だい》二《に》章《しょう》 —— 山《やま》の妖《よう》怪《かい》

釣瓶火《つるべび》

なんでこんな雨《あめ》の夜《よる》に山登《やまのぼ》り…？
静《しず》かな夜《よる》にしか会《あ》えない妖怪《ようかい》もいるんだよ…
特《とく》に…雨《あめ》の夜《よる》は釣瓶火《つるべび》が出現《しゅつげん》しやすいんだ
噂《うわさ》をすれば…木《き》の枝《えだ》からぶらさがって落《お》ちて来《き》た
ぼわんっ
青白《あおじろ》い火《ひ》が毬《まり》みたいに跳《は》ねてる…!!
なんか顔《かお》が浮《う》かんできたぞ…!?
ねぇ…なんで火《ひ》の妖怪《ようかい》なのに雨《あめ》の日《ひ》に出《で》てきたの？
ゴソゴソ
パチ…
パチ…
…
陽火《ようか》は物《もの》を燃《も》やし水《みず》をかけると消《き》えるけど…
釣瓶火《つるべび》の火《ひ》は陰火《いんか》だから物《もの》を燃《も》やすことはないんだ
そのかわり水《みず》をかけると逆《ぎゃく》に燃《も》えあが…何《なに》してんの？
ゴォオオォォ
山火事《やまかじ》になるとまずいと思《おも》って水筒《すいとう》の水《みず》を…

二十三 山 釣瓶火《つるべび》

ひっそりとした夜《よる》の山道《やまみち》を歩《ある》いていると、突然《とつぜん》、釣瓶《つるべ》のような青白《あおじろ》い火が木《き》の枝《えだ》からぶらさがり落《お》ちて来《く》る。その火《ひ》は毬《まり》のように上《あ》がったり下《さ》がったりを繰《く》り返《かえ》し、火《ひ》の中《なか》には人《ひと》や獣《けもの》の顔《かお》が浮《う》かび上《あ》がる。こんな不気味《ぶきみ》な火《ひ》の怪異《かいい》を、釣瓶火《つるべび》という。昔《むかし》はあちこちに見《み》られたという。火《ひ》には陽火《ようか》と陰火《いんか》の二《ふた》つがあり、陽火《ようか》は物《もの》を燃《も》やし水《みず》をかけると消《き》えるが、釣瓶火《つるべび》は陰火《いんか》なので、その火《ひ》は木《き》や枯《か》れ葉《は》に燃《も》え移《うつ》ることはなく、水《みず》をかけると逆《ぎゃく》に燃《も》えあがる。雨《あめ》の日《ひ》などは陰火《いんか》がよく燃《も》えるので、釣瓶火《つるべび》が出現《しゅつげん》しやすいという。

木霊《こだま》

釣瓶火《つるべび》…驚《おどろ》くくらい燃《も》えたよね
ハァ…
びっくりした…
陰火《いんか》でよかったよ
まぁでも…山《やま》で火《ひ》を見《み》たら焦《あせ》る気持《きも》ちはわかるよ
この辺《へん》は大《おお》きくて古《ふる》い木《き》が多《おお》いから…
燃《も》え移《うつ》ったら大変《たいへん》だなって思《おも》ったんだよ…
うん うん
ありがとうねぇ…
え…？
いい子《こ》だねぇ…
今《いま》…そこに老夫婦《ろうふうふ》がいなかった？
はい？
もしかして木霊《こだま》かな…？百年《ひゃくねん》を経《へ》た木《き》には神霊《しんれい》が宿《やど》るとか…
木《き》を大事《だいじ》にしてもらえて嬉《うれ》しかったのかも…？

二十四

山 木《こ》霊《だま》

木霊《こだま》とは、樹木《じゅもく》に宿《やど》る精霊《せいれい》や、それが宿《やど》った樹木自体《じゅもくじたい》のことをいう。木《こ》霊《だま》は特定《とくてい》の木《き》に宿《やど》り、それはその土《と》地《ち》の御神木《ごしんぼく》であったり、決《き》まった種《しゅ》類《るい》の木《き》であるともいわれる。神通力《じんつうりき》や不思議《ふしぎ》な力《ちから》を持《も》ち、木霊《こだま》が宿《やど》る木《き》を切《き》ると災難《さいなん》に見舞《みま》われる。鳥山石《とりやませき》燕《えん》の『画図百鬼夜行《がずひゃっきやこう》』では、木霊《こだま》は木々《きぎ》の側《そば》の年老《としお》いた男女《だんじょ》の姿《すがた》で描《えが》かれ、百年《ひゃくねん》を経《へ》た木《き》には神霊《しんれい》が宿《やど》るとされている。沖縄《おきなわ》では木《き》の精《せい》をキーヌシーといい、キジムナーという妖《よう》怪《かい》も、この一種《いっしゅ》だとされる。ガジュマルの古木《こぼく》に宿《やど》り、赤《あか》ん坊《ぼう》ほどの大《おお》きさで、真《ま》っ赤《か》な子供《こども》や、長髪《ちょうはつ》で全《ぜん》身《しん》が毛《け》だらけの姿《すがた》をしているなど、土地《とち》によって伝承《でんしょう》が異《こと》なる。

コロボックル

茂《しげ》みの向《む》こう側《がわ》に小《ちい》さな人《ひと》がいた
ちらっと見えた
ガサッ
まさかコロボックル？
ハッ
シーッ…気《き》づかないフリをして!!
コロボックルはアイヌ語《ご》で「蕗《ふき》の葉《は》の下《した》に住《す》む人《ひと》」
蕗《ふき》の葉《は》の下《した》に数人《すうにん》が入《はい》るほど体《からだ》が小《ちい》さく…
北海道《ほっかいどう》にアイヌより古《ふる》くから住《す》んでいた種族《しゅぞく》で…
彼《かれ》らは姿《すがた》を見《み》せることを極端《きょくたん》に嫌《きら》うんだ
彼《かれ》らは姿《すがた》を見《み》せないやりとりで…
アイヌと物品《ぶっぴん》を交換《こうかん》したりして友好的《ゆうこうてき》に暮《く》らしていたけど…
ある日《ひ》姿《すがた》を見《み》ようとしたアイヌの若者《わかもの》が無礼《ぶれい》を働《はたら》き…
怒《おこ》った彼《かれ》らは一族《いちぞく》で北《きた》の海《うみ》の彼方《かなた》へ姿《すがた》を消《け》してしまったんだ…
僕《ぼく》ら妖怪《ようかい》は人間《にんげん》みたいに礼儀《れいぎ》を欠《か》くことはやめておこう…
うん…
暴《あば》かれたり居場所《いばしょ》を追《お》われたりするつらさはよくわかるしな…

二十五

山 コロボックル

コロボックルとは、アイヌ語《ご》で「蕗《ふき》の葉《は》の下《した》に住《す》む人《ひと》」を意味《いみ》するといわれる。アイヌが北海道《ほっかいどう》の地《ち》に住《す》み始《はじ》める前《まえ》から住《す》んでいた種族《しゅぞく》で、背《せ》丈《たけ》が低《ひく》く体《からだ》がとても小《ちい》さく、蕗《ふき》の葉《は》の下《した》に数人《すうにん》が入《はい》ってしまう。動《うご》きがすばやく漁《りょう》に巧《たく》みで、彼《かれ》らはアイヌに獲物《えもの》を贈《おく》ったり、物品《ぶっぴん》の交換《こうかん》をしたりと、友好的《ゆうこうてき》に暮《く》らしていたが、姿《すがた》を見《み》せることを極端《きょくたん》に嫌《きら》っており、やりとりは、夜《よる》に窓《まど》などからこっそり差《さ》し入《い》れる形《かたち》で行《おこな》われた。しかしある日《ひ》、アイヌの若者《わかもの》がその姿《すがた》を見《み》ようとコロボックルに無礼《ぶれい》を働《はたら》き、怒《おこ》ったコロボックルの一族《いちぞく》は、北《きた》の海《うみ》の彼方《かなた》へと姿《すがた》を消《け》したという。

ヒダル神《がみ》

はぁ…なんかお腹《なか》が空《す》いた…
フラ〜〜…
俺《おれ》も…
おなかすいた…
ええと…確《たし》かそんな妖怪《ようかい》の話《はなし》が…
だめだ…手《て》足《あし》がしびれて体《からだ》が動《うご》かない…
おなかすいた
たす…け…
大丈夫《だいじょうぶ》かい？僕《ぼく》はこの山《やま》に住《す》む烏天狗《からすてんぐ》だよ
さぁ…このにぎりめしをお食《た》べ
俺《おれ》オカカ…
シャケ…
今《いま》のはヒダル神《がみ》
山《やま》で人知《ひとし》れず死《し》んだ無念《むねん》の霊《れい》が怨霊《おんりょう》となったものだ
チッ
ああいうときは一口《ひとくち》でも何《なに》か食《た》べるか
手《て》のひらに「米《こめ》」と書《か》いて三度《さんど》舐《な》めると元気《げんき》になるよ
バサッ
ありがとうございます…
ありがとう ありがとう
チッ

二十六

山 ヒダル神《がみ》

山《やま》で人知《ひとし》れず供養《くよう》されずに死《し》んだり、飢《う》えで死《し》んだりした無念《むねん》の霊《れい》が怨霊《おんりょう》となり、ヒダル神《がみ》となる。自分《じぶん》が味《あじ》わった苦《くる》しみを他人《たにん》にも味《あじ》わわせようとしている。山道《やまみち》や峠《とうげ》、四辻《よつつじ》など、行《ゆ》き倒《だお》れのあった場所《ばしょ》で遭《あ》うことが多《おお》く、これに憑《つ》かれると、強《つよ》い空腹感《くうふくかん》や飢餓感《きがかん》に襲《おそ》われる。疲労《ひろう》を覚《おぼ》え、手足《てあし》に痺《しび》れを感《かん》じ、体《からだ》の自《じ》由《ゆう》を奪《うば》われて、その場《ば》から一歩《いっぽ》も動《うご》けなくなって、ひどいときにはそのまま死《し》んでしまう。取《と》り殺《ころ》された者《もの》は新《あら》たなヒダル神《がみ》となり、その数《かず》をどんどん増《ふ》やしていく。対処法《たいしょほう》としては、一口《ひとくち》でも何《なに》か食《た》べ物《もの》を口《くち》にするか、手《て》のひらに「米《こめ》」の字《じ》を書《か》いて三回舐《さんかいな》めると元気《げんき》になるという。

天狗《てんぐ》

深《ふか》い山奥《やまおく》に生息《せいそく》し…翼《つばさ》と神通力《じんつうりき》があり…
パッ
シルエットクイズ!!
赤《あか》ら顔《がお》で山伏《やまぶし》の服装《ふくそう》で鼻《はな》が長《なが》い妖怪《ようかい》と言《い》えば？
象《ぞう》!!
はいっっ
鼻《はな》以外《いがい》何《なに》もかすってないだろ
正解《せいかい》はこの方《かた》…天狗《てんぐ》さんです！
じゃんっっ
てて一んっ
……
……
なんか言《い》えよ反応《はんのう》に困《こま》っていらっしゃるだろ！
ちなみに…山《やま》の怪異《かいい》の多《おお》くは天狗《てんぐ》の仕業《しわざ》です
いや…なんていうかここはさ…命《いのち》の恩鳥《おんどり》烏天狗《からすてんぐ》さんが出《で》てくるとこじゃない？
……
言《い》うな…あと天狗《てんぐ》さんに台詞《せりふ》かぶせるんじゃねぇ!!
天狗《てんぐ》さんは仏法《ぶっぽう》の敵《てき》とされ人《ひと》を魔道《まどう》に導《みちび》く外法様《げほうさま》とも呼《よ》ばれています
仏法《ぶっぽう》の敵《てき》⁉ 魔道《まどう》？ 外法《げほう》⁉
なにそれめっちゃカッコいい!!
ドヤッ
天狗《てんぐ》チョロ…

二十七

山天《てん》狗《ぐ》

日本《にほん》で多《おお》くの伝承《でんしょう》に登場《とうじょう》する、神《かみ》や妖怪《ようかい》ともいわれる伝説上《でんせつじょう》の生物《せいぶつ》。修《しゅ》験道《げんどう》の霊峰《れいほう》であれば、ほぼ必《かなら》ず天狗《てんぐ》が祀《まつ》られている。深山《しんざん》に生息《せいそく》し、「大天狗《おおてんぐ》（鼻高天狗《はなだかてんぐ》）」は赤《あか》ら顔《がお》で鼻《はな》が高《たか》く、山伏《やまぶし》の服装《ふくそう》で神通力《じんつうりき》を備《そな》えている。翼《つばさ》があり、空中《くうちゅう》を自由《じゆう》に飛《ひ》翔《しょう》することができる。山《やま》の怪異《かいい》の多《おお》くは天狗《てんぐ》の仕業《しわざ》とされている。幻《げん》術《じゅつ》を使《つか》い、人《ひと》を天狗道《てんぐどう》に導《みちび》く。天狗《てんぐ》道《どう》は仏教《ぶっきょう》の六道《ろくどう》から外《はず》れた魔道《まどう》で、天狗《てんぐ》の住《す》む世界《せかい》。堕落《だらく》した者《もの》が落《お》ちる。天狗《てんぐ》は仏法《ぶっぽう》の敵《てき》とされ「外法《げほう》様《さま》」ともいう。有名《ゆうめい》な天狗《てんぐ》は、愛宕《あたご》山《やま》の「太郎坊《たろうぼう》」や比良山《ひらさん》の「次郎《じろう》坊《ぼう》」、鞍馬山《くらまやま》の「僧正坊《そうじょうぼう》」を含《ふく》む八《はち》天狗《てんぐ》。八天狗《はちてんぐ》には烏天狗《からすてんぐ》もいる。

烏天狗《からすてんぐ》

そんなわけで…ヒダル神《がみ》から助《たす》けてくれた恩鳥《おんどり》烏天狗《からすてんぐ》さんです！
バーンッ
待《ま》ってました!!
その節《せつ》はありがとうございました!!
パーンッ
ニャー
ニャー
ニャー
烏天狗《からすてんぐ》さんは妖怪《ようかい》ですが神族《しんぞく》でもあり剣《けん》や槍《やり》などの武器《ぶき》を構《かま》えています
てれっっ
神族《しんぞく》！あなたが神《かみ》か…!!
文武両道《ぶんぶりょうどう》だ憧《あこが》れる
すげ〜
多才〜
パチパチ
猛禽類《もうきんるい》のような翼《つばさ》と瞳《ひとみ》で空《そら》を自在《じざい》に飛翔《ひしょう》し…天狗《てんぐ》と同《おな》じく時間《じかん》や空間《くうかん》を一気《いっき》に超《こ》える能力《のうりょく》があります
超《ちょう》チート能力者《のうりょくしゃ》！
黒《くろ》い羽《はね》…猛禽類《もうきんるい》の瞳《ひとみ》…イケメンすぎ!!
おお…
きゃっ
わしとスペックほぼ同《おな》じなのに態度違《たいどちが》いすぎない？
恩鳥だし…
烏天狗《からすてんぐ》のビジュアルの方《ほう》が中二病受《ちゅうにびょうう》けするんですよ…
うおー
K・A・R・A S・U!!
カラス!!
烏天狗《からすてんぐ》!! 烏天狗《からすてんぐ》!!
ニャー
ニャー

二十八

山

烏天狗《からすてんぐ》

烏天狗《からすてんぐ》は妖怪《ようかい》や神族《しんぞく》のひとつで、伝《でん》説上《せつじょう》の生《い》き物《もの》。青天狗《あおてんぐ》や小天狗《こてんぐ》とも呼《よ》ばれる。山伏《やまぶし》の装束《しょうぞく》で烏《からす》のような嘴《くちばし》があり、剣《けん》や槍《やり》などの武器《ぶき》を構《かま》えている。体《からだ》は人間《にんげん》のようだが、背《せ》中《なか》には翼《つばさ》があり、自在《じざい》に飛翔《ひしょう》することができる。烏《からす》と名《な》がついているが、翼《つばさ》も瞳《ひとみ》も鳶《とび》などの猛禽類《もうきんるい》に近《ちか》い。天狗《てんぐ》と同《おな》じく、時間《じかん》や空間《くうかん》を一《いっ》気《き》に超《こ》える能力《のうりょく》がある。山《やま》で出会《であ》った子供《こども》を、一瞬《いっしゅん》で麓《ふもと》の家《いえ》に送《おく》り届《とど》けた民話《みんわ》などもある。大天狗《おおてんぐ》の手下《てした》というイメージだが、平安時代《へいあんじだい》は天狗《てんぐ》といえば烏天狗《からすてんぐ》のことで、鼻《はな》の高《たか》い天狗《てんぐ》の描写《びょうしゃ》は鎌倉時代末期《かまくらじだいまっき》からだ。人間《にんげん》に化《ば》けた際《さい》に上《うえ》の嘴《くちばし》が伸《の》びて鼻《はな》になり、下《した》の嘴《くちばし》が顎《あご》になるという。

子泣《こなき》き爺《じじい》

オギャア
オギャア
オギャア
こんな所《ところ》に赤《あか》ちゃん？
この辺《へん》から声《こえ》がしたよ？
あ…
オギャア
子泣《こな》き爺《じじい》だ!!
ゲ〇ゲの鬼太郎《きたろう》にいた有名《ゆうめい》妖怪《ようかい》か
子泣《こな》き爺《じじい》は声《こえ》だけ赤《あか》ん坊《ぼう》で姿《すがた》は爺《じじい》の妖怪《ようかい》
オギャア
抱《だ》き上《あ》げると次第《しだい》に重《おも》くなりしがみついて離《はな》れず…
ついには相手《あいて》を押《お》し潰《つぶ》して命《いのち》を奪《うば》うこともある
人《ひと》の良心《りょうしん》につけこんでくるじゃん？
ん〜…赤《あか》ん坊《ぼう》と見間違《みまちが》える？どう見《み》ても老人《ろうじん》だよね？
昔《むかし》は今《いま》より夜《よる》が暗《くら》かったし視認性《しにんせい》の問題《もんだい》じゃない？
オギャ…
老人《ろうじん》が幼児《ようじ》の衣装《いしょう》で泣《な》くとか普通《ふつう》の人《ひと》は考《かんが》えないしね
冷静《れいせい》に分析《ぶんせき》せんでくれ…恥《は》ずかしい…

二十九

山 子《こ》泣《な》き爺《じじい》

徳島県《とくしまけん》の山間部《さんかんぶ》に、こんな伝承《でんしょう》がある。夜道《よみち》で赤《あか》ん坊《ぼう》のような産声《うぶごえ》が聞《き》こえ、見《み》つけた人《ひと》が憐《あわ》れんで抱《だ》き上《あ》げると、赤《あか》ん坊《ぼう》の体《からだ》は次第《しだい》に重《おも》くなり、手放《てばな》そうとしてもしがみついて離《はな》れない。石《いし》のように重《おも》くなり、ついには抱《だ》き上《あ》げた者《もの》を押《お》し潰《つぶ》し、命《いのち》を奪《うば》ってしまうこともある。声《こえ》だけは赤《あか》ん坊《ぼう》だが、姿《すがた》は爺《じじい》だという。この妖怪譚《ようかいたん》から、子泣《こな》き爺《じじい》(もしくは、児啼爺《こなきじじい》)の話《はなし》が生《う》まれたという。四《し》国《こく》には子泣《こな》き爺《じじい》と同《おな》じく、赤《あか》ん坊《ぼう》のような産声《うぶごえ》をあげる、「ごぎゃ泣《な》き」という妖怪《ようかい》がいる。一本足《いっぽんあし》で山中《さんちゅう》を徘徊《はいかい》し、これが泣《な》くと地震《じしん》が起《お》こるらしい。ごぎゃ泣《な》きが子泣《こな》き爺《じじい》だとの説《せつ》もある。

一反木綿《いったんもめん》

三十

山 一反木綿《いったんもめん》

一反木綿《いったんもめん》は、現在《げんざい》の鹿児島県肝付《かごしまけんきもつき》町《ちょう》に伝《つた》わる妖怪《ようかい》で、一反《いったん》（約十《やくじゅう》メートル）ほどの白《しろ》い反物《たんもの》や木綿《もめん》のような姿《すがた》をしている。布《ぬの》が年月《ねんげつ》を経《へ》て妖《よう》怪《かい》になった付喪神《つくもがみ》の一種《いっしゅ》という説《せつ》もある。はた目《め》には洗濯物《せんたくもの》が風《かぜ》に飛《と》んだくらいにしか見《み》えないが、夕暮《ゆうぐ》れ時《どき》にヒラヒラと飛《と》び、人《ひと》の首《くび》に巻《ま》き付《つ》いたり、顔《かお》を覆《おお》ったりして襲《おそ》い、窒息死《ちっそくし》させる恐《おそ》ろしい妖怪《ようかい》である。出没《しゅつぼつ》の伝《つた》えられる地域《ちいき》では、「遅《おそ》くまで遊《あそ》んでいると一反木綿《いったんもめん》が出《で》る」と子供《こども》を戒《いまし》める風習《ふうしゅう》がある。一反木《いったんも》綿《めん》がよく現《あらわ》れた肝付町《きもつきちょう》の神社《じんじゃ》では、最後尾《さいこうび》の子供《こども》が襲《おそ》われると伝《つた》えられており、神社《じんじゃ》の前《まえ》を通《とお》る子供《こども》たちは我先《われさき》にと走《はし》り抜《ぬ》けたという。

砂《すな》かけ婆《ばばあ》

耳慣《みみな》れた この音《おと》は…
ザッ ザッ
ハッ
この近《ちか》くに 猫《ねこ》トイレが あるな…
ザッ ザッ
いや… この音《おと》は 砂《すな》かけ婆《ばばあ》だね
いるし…
砂《すな》かけ婆《ばばあ》は神社《じんじゃ》の近《ちか》くや人気《ひとけ》の少《すく》ない森《もり》で砂《すな》を振《ふ》りかけて脅《おど》かす妖怪《ようかい》
姿《すがた》を見《み》た者《もの》はいないが老女《ろうじょ》の姿《すがた》だといわれる
砂《すな》かけ婆《ばばあ》だって…!?
ちなみに砂《すな》をかける以上《いじょう》の悪《わる》さはしないよ
すばらしい… この砂《すな》は どこから…?
スッ…
えっ!? 無《む》から生成《せいせい》を? なんという 神業《かみわざ》…神技《しんぎ》…
この技《わざ》があれば我《われ》らもう二度《にど》と猫砂《ねこすな》に困《こま》ることがありませぬ…
どうか… どうか我《われ》らに その術《じゅつ》を…
ザバッ…
ビシ
ビシッ
さすがに 失礼《しつれい》でしょ

三十一

山 砂《すな》かけ婆《ばばあ》

砂《すな》かけ婆《ばばあ》は、奈良県《ならけん》や兵庫県《ひょうごけん》、滋賀県《しがけん》に伝《つた》わる妖怪《ようかい》で、神社《じんじゃ》の近《ちか》くや人気《ひとけ》の少《すく》ない森《もり》を歩《ある》いていると、砂《すな》をパラパラと振《ふ》りかけて脅《おど》かすという。誰《だれ》も姿《すがた》を見《み》た者《もの》はなく、古典《こてん》の絵巻物《えまきもの》にもその姿《すがた》はなく、姿形《すがたかたち》は不明《ふめい》とされるが、何故《なぜ》か、老女《ろうじょ》の姿《すがた》をしているとされ、名前《なまえ》はそれに由来《ゆらい》する。その正体《しょうたい》はイタチや狸《たぬき》であるとの説《せつ》もある。通《とお》りかかる人《ひと》に砂《すな》をかけて驚《おどろ》かす以上《いじょう》の悪《わる》さはしない。砂《すな》をかける音《おと》が聞《き》こえるだけで、実際《じっさい》には振《ふ》りかかってこなかったという話《はなし》も伝《つた》わる。近年《きんねん》、水木《みずき》しげるの「ゲゲゲの鬼太郎《きたろう》」で、正義《せいぎ》の妖怪《ようかい》として人気《にんき》となり、和服《わふく》の老女《ろうじょ》の姿《すがた》が一般的《いっぱんてき》なイメージとなった。

一本だたら

山《やま》の上《うえ》の方《ほう》はかなり雪《ゆき》が積《つ》もってるね
ハー…
あ…
でっかい足跡《あしあと》がある
三十《さんじゅっ》センチはあるぞ!?
クマか!?
イエティか!?
いや…
バンッ
一本《いっぽん》だたらだっっ!
一本《いっぽん》だたらは一《ひと》つ目《め》一本《いっぽん》足《あし》でさまざまな伝承《でんしょう》のある妖怪《ようかい》
普段《ふだん》は大人《おとな》しい十二月《じゅうにがつ》二十日《はつか》だけは人《ひと》を襲《おそ》って食《く》うので注意《ちゅうい》が必要《ひつよう》
ホッ…
な〜んだ十二月《じゅうにがつ》じゃなくてよかったw
人《ひと》は襲《おそ》わないけれど猫《ねこ》も襲《おそ》わないのかねぇ…?
肉食《にくしょく》か雑食《ざっしょく》で普段《ふだん》は小動物《しょうどうぶつ》でも食《た》べていそう
ダダダダダダ
わあああああああっ!!

三十二

山 一本《いっぽん》だたら

一本《いっぽん》だたらは、現在《げんざい》の和歌山県熊野《わかやまけんくまの》地方《ちほう》や、奈良県南部《ならけんなんぶ》の山中《さんちゅう》に棲《す》む、一《ひと》つ目《め》一本足《いっぽんあし》の妖怪《ようかい》で、足《あし》の大《おお》きさは一尺《いっしゃく》（三十《さんじゅっ》センチ）ほどあるという。巨人《きょじん》である説《せつ》や、鍛冶職人《かじしょくにん》の「たたら」に由来《ゆらい》する説《せつ》もある。当時《とうじ》のたたら師《し》が、劣悪《れつあく》な環境《かんきょう》や重労働《じゅうろうどう》により、片目片足《かためかたあし》が不自由《ふじゆう》であることが多《おお》かったためとされる。他《ほか》にも鬼《き》神《じん》である「猪笹王《いざさおう》」の亡霊《ぼうれい》が一本足《いっぽんあし》の鬼《おに》になった説《せつ》、河童《かっぱ》や山童《やまわろ》の一種《いっしゅ》のカシャボである説《せつ》など。雪《ゆき》の日《ひ》に宙返《ちゅうがえ》りをし、一本足《いっぽんあし》の足跡《あしあと》を残《のこ》す一《いっ》本《ぽん》だたらは、電柱《でんちゅう》に目鼻《めはな》を付《つ》けたような姿《すがた》だという。普段《ふだん》は大人《おとな》しいが、十二月二十日《じゅうにがつはつか》だけは人《ひと》を襲《おそ》って食《た》べるので、山《やま》に入《はい》ってはいけない。

雪女《ゆきおんな》

冷《ひ》えるな…雪山《ゆきやま》ヤバイ…小屋《こや》があってよかったけど…
ハァ…
こんな晩《ばん》は雪女《ゆきおんな》が出《で》るかもね…
白装束《しろしょうぞく》を纏《まと》い冷《つめ》たい息《いき》で男《おとこ》を凍死《とうし》させ精《せい》を吸《す》い取《と》る妖怪《ようかい》だ…
寒《さむ》いはずだよ…雪女《ゆきおんな》いるじゃん!! 見《み》たり話《はな》したりしちゃダメだ!!
やっべ…がっつり目《め》あった
じっ…
ビュオオオオオ
精《せい》を吸《す》いつくされて殺《ころ》されるぞ!
化《ば》け猫《ねこ》おお!!
ああ…だめだ吸《す》われてる…
スー…
妖怪探索《ようかいたんさく》もここまでか…
ゴオオオオ
なんか吸《す》い方《かた》おかしくない？
精《せい》じゃなくて猫《ねこ》吸《す》ってる…
スーハー スーハー
無…
この雪女《ゆきおんな》…猫《ねこ》好《ず》きか…？
…

三十三 山 雪《ゆき》女《おんな》

起源《きげん》は古《ふる》く、江戸時代《えどじだい》の浮世草紙《うきよぞうし》『宗《そう》祇諸国物語《ぎしょこくものがたり》』では、室町時代《むろまちじだい》の連歌《れんが》師《し》である宗祇《そうぎ》が、雪女《ゆきおんな》と出会《であ》った話《はなし》が収録《しゅうろく》されている。文学作品《ぶんがくさくひん》では、それを元《もと》に書《か》かれた小泉八雲《こいずみやくも》の怪《かい》談《だん》「雪女《ゆきおんな》」が有名《ゆうめい》。呼《よ》び名《な》は地域《ちいき》により多数《たすう》あり、大抵《たいてい》は白装束《しろしょうぞく》を身《み》に纏《まと》った女性《じょせい》の姿《すがた》で、恐《おそ》ろしく美《うつく》しい存在《そんざい》として語《かた》られている。雪女《ゆきおんな》に出《で》会《あ》ったら、言葉《ことば》を交《か》わしたり、姿《すがた》を直視《ちょくし》してはいけない。口《くち》から冷《つめ》たい息《いき》を吹《ふ》きかけられて、凍死《とうし》させられたり、精《せい》を吸《す》いつくされて殺《ころ》されてしまう。氷《こおり》の冷《つめ》たさのように非情《ひじょう》な面《めん》もあれば、人間《にんげん》との間《あいだ》に子供《こども》をなしたり、正体《しょうたい》がばれると姿《すがた》を消《け》すなど、雪《ゆき》のような儚《はかな》さもある。

ダイダラボッチ

そろそろ山《やま》を降《お》りるか…
山妖怪《やまようかい》もいろいろいたねぇ…
山《やま》で気《き》になる妖怪《ようかい》には全部《ぜんぶ》会《あ》えた？
ダイダラボッチ見《み》てみたかったかも…
もの〇け姫《ひめ》に出《で》てくるあれか…
あー…
ダイダラボッチは日本各地《にほんかくち》に多《おお》くの伝承《でんしょう》が残《のこ》る巨人《きょじん》なんだ…
空《そら》を持《も》ち上《あ》げたり山《やま》や湖沼《こしょう》や地形《ちけい》を造《つく》ったり…
見《み》たかったなぁ…
へ～
伝承《でんしょう》のスケールが大《おお》きいな！
大《おお》きい妖怪《ようかい》だし空《そら》が明《あか》るくなれば帰《かえ》り道《みち》に見《み》えるかな…？
きっと見《み》れるよ
早《はや》く夜《よる》が明《あ》けるといいな

三十四

山

ダイダラボッチ

日本各地《にほんかくち》に多《おお》くの伝承《でんしょう》が残《のこ》る巨人《きょじん》で、名前《なまえ》の由来《ゆらい》は定《さだ》かではなく、それ故《ゆえ》に、「ダイダラボウ」「デーランボウ」「レイラボッチ」など、いくつもの呼《よ》び名《な》がある。低《ひく》い空《そら》を持《も》ち上《あ》げて高《たか》くしたり、山《やま》を造《つく》ったり、歩《ある》いたときの足跡《あしあと》が湖沼《こしょう》やくぼ地《ち》となったり。有名《ゆうめい》な伝承《でんしょう》では、近江《おうみ》（現在《げんざい》の滋賀県《しがけん》）の土《つち》を運《はこ》んで富士山《ふじさん》を造《つく》り、土《つち》を掘《ほ》った跡《あと》が琵琶湖《びわこ》になったという。他《ほか》にも、人間《にんげん》の干拓事業《かんたくじぎょう》を手伝《てつだ》う話《はなし》や、逆《ぎゃく》に、人間《にんげん》に悪《わる》さをした話《はなし》もある。村《むら》を荒《あ》らし娘《むすめ》をさらうダイダラボッチを追《お》い払《はら》うため、巨大《きょだい》な草鞋《わらじ》や魚籠《びく》を作《つく》り、自分《じぶん》より大《おお》きな巨人《きょじん》がいると思《おも》わせて騙《だま》し、追《お》い返《かえ》した伝承《でんしょう》がある。

妖《よう》怪《かい》とは何《なに》か？

コラム 一

妖怪《ようかい》とは何《なに》か？　解釈《かいしゃく》もさまざまで、どれを正解《せいかい》だとすることはできないが、江戸《えど》時代頃《じだいごろ》までは、「妖怪《ようかい》」という言葉《ことば》はあっても妖怪《ようかい》はいなかった。妖怪《ようかい》は名前《なまえ》や形《かたち》を持《も》たない見《み》えないものだった。現在《げんざい》、伝承《でんしょう》や文献《ぶんけん》を基《もと》に妖怪《ようかい》だと認《にん》識《しき》されているモノは、当時《とうじ》は神《かみ》や化《ば》け物《もの》や怪奇《かいき》現象《げんしょう》の類《たぐい》だった。でも、鳥山石燕《とりやませきえん》や、水木《みずき》しげるをはじめとした漫画家《まんがか》や作家《さっか》が、「妖怪《ようかい》」として姿形《すがたかたち》を与《あた》えてしまった。だから、私達《わたしたち》が知《し》る今《いま》の妖怪《ようかい》を作《つく》ったのは漫画家《まんがか》や作家《さっか》で、すべての妖怪《ようかい》は創作《そうさく》だといえる。じゃあ、「創作《そうさく》なら本《ほん》当《とう》はいないのか？」の話《はなし》でいえば、そうではない。「見《み》えないし、いないからこそ妖怪《ようかい》」なのだと思《おも》う。人《ひと》は見《み》えないものや正体《しょうたい》が知《し》れないものの存在《そんざい》を恐《おそ》れる。だから、それを説明《せつめい》しようとする。例《たと》えば山道《やまみち》で急激《きゅうげき》な空腹感《くうふくかん》や疲労《ひろう》に襲《おそ》われて動《うご》けなくなる。今《いま》なら低血糖《ていけっとう》の状態《じょうたい》と考《かんが》えるが、当時《とうじ》は知《し》られていないから、それを妖怪《ようかい》が出《で》たせいだと説明《せつめい》した。何《なん》の妖怪《ようかい》か？「ダリ」「ひだるい」という言葉《ことば》には「空腹《くうふく》や飢《う》え」の意《い》味《み》がある。「ヒダル神《がみ》」の語源《ごげん》だ。いつしか、「ヒダル神《がみ》に憑《つ》かれると空腹感《くうふくかん》に襲《おそ》われ……」と設《せっ》定《てい》が逆転《ぎゃくてん》する。そして絵師《えし》や作家《さっか》の手《て》で「これがヒダル神《がみ》だ」と、姿《すがた》を持《も》った妖怪《ようかい》が生《う》まれる。

なぜ、「見《み》えないし、いないからこそ妖怪《ようかい》」なのか？　例《たと》えば、本物《ほんもの》のツチノコ（野槌《のづち》）が捕《ほ》獲《かく》されたと考《かんが》えてみて欲《ほ》しい。今《いま》もそれっぽいものが見《み》つかる度《たび》に、ヘビやトカゲ科《か》の何《なに》かとして紹介《しょうかい》されている。「見《み》えて、いる」なら、それはもう「妖怪《ようかい》」ではないのだ。

第《だい》三《さん》章《しょう》

―― 水《みず》辺《べ》の妖《よう》怪《かい》

絡新婦《じょろうぐも》

いよいよ水辺《みずべ》の妖怪《ようかい》探索《たんさく》か…
この辺《へん》には絡新婦《じょろうぐも》が出《で》るらしいよ
ガサッ
日本各地《にほんかくち》に伝承《でんしょう》が残《のこ》る大蜘蛛《おおぐも》の妖怪《ようかい》だ
あ…猫《ねこ》ちゃん
絡新婦《じょろうぐも》は水辺《みずべ》や滝壺《たきつぼ》に棲《す》んでいて美《うつく》しい女《おんな》に化《ば》けて男《おとこ》を誘惑《ゆうわく》する
美人《びじん》なんだ！
照《てれ》
そして近《ちか》くを通《とお》った男《おとこ》を水中《すいちゅう》に引《ひ》きずり込《こ》んで殺《ころ》す
突然《とつぜん》の通《とお》り魔的《まてき》展開《てんかい》!!
人間《にんげん》の男《おとこ》との悲恋《ひれん》の物語《ものがたり》とか恋人《こいびと》に捨《す》てられた女《おんな》が化《ば》けたとか
大抵《たいてい》は翌日《よくじつ》男《おとこ》の死体《したい》が滝壺《たきつぼ》に浮《う》かぶ
サスペンス劇場《げきじょう》じゃんw
ニャハハハ
う〜…
そんな話《はなし》ばかりじゃないし…
でも…切《き》り株《かぶ》を身代《みが》わりにすれば助《たす》かるらしいから用意《ようい》しておいた
じゃんっ
準備《じゅんび》がいいな
おーーっ
これなら安心《あんしん》だ！
さすがー
えええ…
誘惑《ゆうわく》される気《き》でいる!?その自信《じしん》はどこから…

三十五

水辺 絡新婦《じょろうぐも》

日本各地《にほんかくち》に伝承《でんしょう》が残《のこ》る大蜘蛛《おおぐも》の妖《よう》怪《かい》。美《うつく》しい女性《じょせい》の姿《すがた》に化《ば》けることができる。『太平百物語《たいへいひゃくものがたり》』や『宿直草《とのいぐさ》』などの江戸時代《えどじだい》の書物《しょもつ》にも登場《とうじょう》する。各地《かくち》に伝《つた》わる伝承《でんしょう》では、絡新婦《じょろうぐも》は水辺《みずべ》や滝壺《たきつぼ》に棲《す》んでいる。近《ちか》くを通《とお》った男《おとこ》の足《あし》に糸《いと》を絡《から》めて水中《すいちゅう》に引《ひ》きずり込《こ》んで殺《ころ》してしまう。切《き》り株《かぶ》を身代《みが》わりに助《たす》かる話《はなし》もある。若《わか》い女《おんな》に化《ば》けた絡新婦《じょろうぐも》が男《おとこ》を誘惑《ゆうわく》する伝《でん》説《せつ》が多《おお》く、絡新婦《じょろうぐも》の正体《しょうたい》は、四百歳《よんひゃくさい》を超《こ》えた蜘蛛《くも》が女《おんな》の姿《すがた》に化《ば》けた説《せつ》や、恋人《こいびと》に捨《す》てられた女《おんな》が山《やま》に入《はい》って蜘蛛《くも》になった説《せつ》もある。『画図百《がずひゃっ》鬼夜行《きやこう》』では、着物《きもの》のような蜘蛛《くも》の巣《す》を纏《まと》った蜘蛛女《くもおんな》が、火《ひ》を吐《は》く子蜘《こぐ》蛛《も》たちを操《あやつ》る姿《すがた》が描《えが》かれている。

河童《かっぱ》

あ！ネットで有名《ゆうめい》な河童《かっぱ》の怖《こわ》い看板《かんばん》だ
このへんはこわいぞ!!
この看板《かんばん》は埼玉《さいたま》や一部《いちぶ》地域《ちいき》限定《げんてい》らしいよ
河童《かっぱ》は…日本《にほん》各地《かくち》の川《かわ》や沼《ぬま》に生息《せいそく》する妖怪《ようかい》である
河童《かっぱ》と言《い》えば遠野《とおの》だよな
遠野《とおの》も有名《ゆうめい》だけど河童《かっぱ》は呼《よ》び名《な》も種類《しゅるい》も多《おお》くてそこら中《じゅう》に有名《ゆうめい》な伝承《でんしょう》があるよ
そうなんだ？ご当地《とうち》アイドルみたいだね～
ドャッ
河童《かっぱ》の好物《こうぶつ》は魚《さかな》やキュウリ人間《にんげん》の生《い》き肝《ぎも》なんだって
生《い》き肝《ぎも》!?
ちなみに頭《あたま》の皿《さら》が乾《かわ》いたり割《わ》れると力《ちから》を失《うしな》い死《し》ぬこともある
弱点《じゃくてん》は皿《さら》か…
サッ
よく河童《かっぱ》が尻子玉《しりこだま》を抜《ぬ》く話《はなし》あるじゃん？
尻子玉《しりこだま》って抜《ぬ》かれると死《し》ぬらしいよ
そりゃ看板《かんばん》も怖《こわ》いわ…
出会《であ》ったらやられる前《まえ》に皿《さら》割《わ》っとく？
ザパンッ

河童《かっぱ》は日本各地《にほんかくち》の川《かわ》や沼《ぬま》に生息《せいそく》する妖怪《ようかい》で、姿《すがた》や呼《よ》び名《な》も土地《とち》によってさまざまだが、子供《こども》のような姿《すがた》で目撃《もくげき》されることが多《おお》い。肌《はだ》は緑色《みどりいろ》や赤色《あかいろ》で、頭頂部《とうちょうぶ》には皿《さら》があり、この皿《さら》が乾《かわ》いたり割《わ》れたりすると力《ちから》を失《うしな》い、死《し》んでしまうこともある。魚《さかな》やキュウリ、人間《にんげん》の生《い》き肝《ぎも》が好《す》きで、金物《かなもの》やサルを怖《こわ》がる。亀《かめ》のような甲羅《こうら》を背負《せお》い、手足《てあし》に水《みず》かきがあり、泳《およ》ぎが上手《じょうず》で相撲《すもう》が得意《とくい》。悪戯《いたずら》な河童《かっぱ》は、馬《うま》を水中《すいちゅう》に引《ひ》き込《こ》んだり、尻子玉《しりこだま》を抜《ぬ》こうとする。尻子玉《しりこだま》は肛門辺《こうもんあた》りにあると信《しん》じられた架空《かくう》の内臓《ないぞう》で、水中《すいちゅう》でこれを抜《ぬ》かれた生物《せいぶつ》は死《し》んでしまう。土地《とち》によっては河童《かっぱ》を水《みず》の神《かみ》として祀《まつ》るところもある。

牛鬼《うしおに》

おや…椿《つばき》が咲《さ》いてる
そういえば牛鬼《うしおに》は椿《つばき》の根《ね》の化身《けしん》という説《せつ》があるね
牛鬼《うしおに》ってやばい奴《やつ》？
牛頭《ごず》に蜘蛛《くも》や鬼《おに》の体《からだ》の妖怪《ようかい》で性格《せいかく》は獰猛《どうもう》で残忍《ざんにん》らしい
出遭《であ》うだけで病気《びょうき》になり見《み》つめられれば疲労《ひろう》して死《し》に
影《かげ》を食《く》われても死《し》ぬらしい
浅草《あさくさ》の牛鬼《うしおに》の伝承《でんしょう》では二十四人《にじゅうよにん》が病気《びょうき》になって七人《しちにん》が即死《そくし》してる
出遭《であ》ったら詰《つ》みじゃん
石《いし》は流《なが》れる木《こ》の葉《は》は沈《しず》む牛《うし》は嘶《いなな》く馬《うま》は吼《ほ》える…
…
こんな風《ふう》に逆《さか》さごとを言《い》うと命《いのち》が助《たす》かるといわれているよ
逆《さか》さごとかぁ〜
もっと短《みじか》くて覚《おぼ》えやすいやつないの？
朝日《あさひ》が西《にし》から出《で》る
石《いし》に花《はな》咲《さ》くとか？
スッ…
よくスラスラ出《で》て来《く》るな…出遭《であ》わないのが一番《いちばん》だよなぁ…

三十七

水辺

牛《うし》鬼《おに》

「うしおに」または「ぎゅうき」と読《よ》む。主《おも》に西日本《にしにほん》に伝《つた》わる妖怪《ようかい》で、性格《せいかく》はとても獰猛《どうもう》で残忍《ざんにん》。谷川《たにがわ》の上流《じょうりゅう》の淵《ふち》に棲《す》み、淵《ふち》から続《つづ》く海岸《かいがん》に現《あらわ》れては、浜《はま》にいる人《ひと》を襲《おそ》って食《く》い殺《ころ》す。地方《ちほう》によりさまざまな姿《すがた》で伝承《でんしょう》され、牛頭《ごず》に鬼《おに》の体《からだ》を持《も》っていたり、牛頭《ごず》の蜘蛛《くも》であったり、「椿《つばき》の根《ね》の化身《けしん》」という説《せつ》もある。牛鬼《うしおに》に出遭《であ》うだけで病気《びょうき》になり、じっと見《み》つめられれば、最後《さいご》には殺《ころ》されてしまうといわれている。また、牛鬼《うしおに》に影《かげ》を食《た》べられれば必《かなら》ず死《し》ぬともいわれており、このようなときは、「石《いし》は流《なが》れる、木《こ》の葉《は》は沈《しず》む、牛《うし》は嘶《いなな》く、馬《うま》は吼《ほ》える」など、逆《さか》さごとを言《い》うと、命《いのち》が助《たす》かるという。

七人《しちにん》ミサキ

なんか海《うみ》の方《ほう》まできちゃったね
あ、地元《じもと》の人《ひと》かな？こんにちはー
七人《しち にん》…
海辺《うみべ》の怪異《かいい》で七人《しちにん》と言《い》えば…七人《しちにん》ミサキが有名《ゆうめい》だね
七人《しちにん》で行動《こうどう》する行《い》き遭《あ》い神《がみ》で出遭《であ》った人《ひと》は高熱《こうねつ》で死《し》ぬんだ
へ～
この辺《あた》りって舟《ふね》とか出《で》ていませんか？
一人《ひとり》殺《ころ》すと一人《ひとり》が成仏《じょうぶつ》して殺《ころ》された人《ひと》が新《あら》たな七人《しちにん》ミサキとなるため…七人《しちにん》から増減《ぞうげん》することはないという…
へ～…そんなやばい奴《やつ》いるんだ
……
あいつら死《し》なないな…
これでは七人《しちにん》と三匹《さんびき》ミサキに…
ヒソ…
ヒソ ヒソ…
アイデンティティの崩壊《ほうかい》…
旅《たび》は道連《みちづ》れ港《みなと》まで一緒《いっしょ》に行《い》きましょう
思《おも》うに…あの人達《ひとたち》は道連《みちづ》れを作《つく》る側《がわ》では？

三十八

水辺 七人《しちにん》ミサキ

主《おも》に中国《ちゅうごく》・四国地方《しこくちほう》に伝《つた》わる一種《いっしゅ》の行《い》き遭《あ》い神《がみ》。常《つね》に七人《しちにん》で行動《こうどう》し、主《おも》に川《かわ》や海《うみ》などの水辺《みずべ》に現《あらわ》れ、これに出遭《であ》うと高熱《こうねつ》を出《だ》して死《し》んでしまう。一人《ひとり》とり殺《ころ》すと先《さき》の一人《ひとり》が成仏《じょうぶつ》し、とり殺《ころ》された者《もの》が新《あら》たな七人《しちにん》ミサキの一人《ひとり》となるため、七人《しちにん》から増《ぞう》減《げん》することはない。七人《しちにん》ミサキの出《しゅっ》自《じ》には、地域《ちいき》によりさまざまな伝《でん》承《しょう》がある。海《うみ》での溺死者《できししゃ》や遭難《そうなん》した漁師《りょうし》、戦国武将《せんごくぶしょう》の吉良親実《きらちかざね》主従《しゅじゅう》が、無念《むねん》の死《し》を遂《と》げて怨霊《おんりょう》となった説《せつ》、広島県《ひろしまけん》三原市《みはらし》の、悪事《あくじ》を働《はたら》く凶悪《きょうあく》な七人《しちにん》の山伏《やまぶし》が、無残《むざん》に殺《ころ》されて怨《おん》霊《りょう》となった説《せつ》など。七人《しちにん》ミサキに出《で》遭《あ》ったときは、親指《おやゆび》を手《て》のひらの中《なか》に隠《かく》して歩《ある》くと逃《のが》れられるという。

人魚《にんぎょ》

水辺《みずべ》の妖怪《ようかい》ぜんぜん会《あ》えないね
ザザー…
海《うみ》なら可愛《かわい》い人魚《にんぎょ》とかいないかな？
多分《たぶん》会《あ》ってはいる…
ザザー…
可愛《かわい》い？人魚《にんぎょ》が？？
リ○ルマーメイド可愛《かわい》いじゃん
日本《にほん》の人魚《にんぎょ》は美女《びじょ》だったり猿顔《さるがお》だったり…
首《くび》から上《うえ》が人《ひと》で首《くび》から下《した》が魚《さかな》であることが多《おお》い
腰《こし》から下《した》じゃないんだ…
人魚《にんぎょ》が漁《りょう》で捕《つか》まるときは大嵐《おおあらし》の前触《まえぶ》れで
殺《ころ》すと災難《さいなん》が起《お》こるから海《うみ》に返《かえ》すのがしきたりなんだ
パシャッ
殺《ころ》すとか野蛮《やばん》すぎだろ？
人魚《にんぎょ》の肉《にく》は味《あじ》が良《よ》くて食《た》べると長生《なが》きするそうだよ
あ…
ゴクリ…
へぇ〜〜…
じゅるっ
ゴゴゴゴ…

三十九

水辺

人《にん》魚《ぎょ》

人魚出現《にんぎょしゅつげん》の記録《きろく》は飛鳥時代《あすかじだい》に始《はじ》まり、日本海沿岸《にほんかいえんがん》を中心《ちゅうしん》に全国《ぜんこく》に及《およ》ぶ。さまざまな言《い》い伝《つた》えがあるが、多《おお》くの伝承《でんしょう》では、首《くび》から上《うえ》は人間《にんげん》で、下《した》はうろこが金色《きんいろ》の魚《さかな》で、顔《かお》は猿《さる》のようなものもいれば、美女《びじょ》の場《ば》合《あい》もある。歯《は》は魚《さかな》のように細《こま》かく、声《こえ》はひばりのようにすずやかだという。多《おお》くの地域《ちいき》では、人魚《にんぎょ》は海神《かいじん》の使《つか》いと考《かんが》えられ、これが捕《つか》まるときは大嵐《おおあらし》の前触《まえぶ》れで、殺《ころ》して海《うみ》に捨《す》てると災難《さいなん》に見舞《みま》われるので、海《うみ》に返《かえ》すのが漁師《りょうし》のしきたりとなっていた。肉《にく》は味《あじ》が良《よ》く、食《た》べると長生《ながき》きする。有名《ゆうめい》な人魚伝説《にんぎょでんせつ》「八百比丘尼《やおびくに》」の物語《ものがたり》では、人魚《にんぎょ》の肉《にく》を食《た》べた娘《むすめ》が不老《ふろう》となり、八百年《はっぴゃくねん》生《い》きたという。

海坊主《うみぼうず》

海《うみ》が急《きゅう》に大荒《おおあ》れだ…
ザッパーン
人魚食《にんぎょく》おうとしたことがばれたかな？
いや違《ちが》う…これは海坊主《うみぼうず》出現《しゅつげん》の兆候《ちょうこう》だ…
海坊主《うみぼうず》は多《おお》くは夜間《やかん》に現《あらわ》れる…
出現時《しゅつげんじ》は穏《おだ》やかな海《うみ》が突然《とつぜん》盛《も》り上《あ》がり
ゴゴゴゴ…
黒《くろ》い坊主頭《ぼうずあたま》の巨人《きょじん》が舟《ふね》を破壊《はかい》する
わあああああっ!!
なんか対応策《たいおうさく》とかないの⁉
ザバーン
煙草《たばこ》の煙《けむり》
なんで煙草《たばこ》の煙《けむり》？
魔除《まよ》けとして有名《ゆうめい》だからじゃない？
漫画《まんが》やアニメの喫煙《きつえん》シーンは問題《もんだい》多《おお》いから避《さ》けた方《ほう》が…
だからって電子煙草《でんしたばこ》じゃ魔除《まよ》け効果《こうか》ないだろ!!
その議論《ぎろん》助《たす》かってからにしない？

四十

水辺

海《うみ》坊《ぼう》主《ず》

全国各地《ぜんこくかくち》に現《あらわ》れる海《うみ》の妖怪《ようかい》で、「海法師《ほうし》」や「海入道《うみにゅうどう》」とも呼《よ》ばれる。多《おお》くは夜間《やかん》に現《あらわ》れ、穏《おだ》やかだった海が突然《とつぜん》盛《も》り上《あ》がり、黒《くろ》い坊主頭《ぼうずあたま》の巨人《じん》が船《ふね》を破壊《はかい》する。目撃談《もくげきだん》により大きさや姿《すがた》はさまざまで、数《すう》メートルから数十《すうじゅう》メートル、ときには数《すう》キロに及《およ》ぶものもある。巨大《きょだい》で黒《くろ》くヌルヌルとしている海坊主《うみぼうず》もいれば、目《め》も口《くち》も鼻《はな》もない黒坊主《くろぼうず》や、裸体《らたい》の坊主風《ずふう》なものが群《む》れをなして襲《おそ》ってくることもある。東北地方《とうほくちほう》では、漁《りょう》に出《で》て最初《さいしょ》に取《と》れた魚《さかな》を海《うみ》の神様《かみさま》に捧げないと、海坊主《うみぼうず》が現《あらわ》れて船《ふね》を壊《こわ》したり、船主《ふなぬし》をさらったりする。弱点は煙草《たばこ》の煙《けむり》で、これを用意《ようい》しておけば助《たす》かるという。

船幽霊《ふなゆうれい》

海《うみ》の妖怪《ようかい》怖《こわ》すぎ…
そういえば…こんな夜《よる》は船幽霊《ふなゆうれい》が出《で》るらしいね…
フラグ立《た》てるなよ…
船幽霊《ふなゆうれい》は雨《あめ》の日《ひ》や新月《しんげつ》や満月《まんげつ》や時化《しけ》の夜《よる》や霧《きり》のかかった夜《よる》に現《あらわ》れるんだ
出現頻度《しゅつげんひんど》高《たか》すぎだろ
もうこれ絶対出るわ…
船幽霊《ふなゆうれい》って柄杓《ひしゃく》を渡《わた》すと船《ふね》に水《みず》入《い》れてくるやつだよね？
底《そこ》の抜《ぬ》けた柄杓《ひしゃく》を渡《わた》せば回避《かいひ》できるみたいだよ
でもさぁ…底《そこ》に穴《あな》開《あ》いてたら普通気《ふつうき》づくよね？柄杓《ひしゃく》より注意力《ちゅういりょく》が抜《ぬ》けてない？
柄杓《ひしゃく》でなく目《め》が節穴《ふしあな》
柄杓程度《ひしゃくていど》じゃ船《ふね》が沈《しず》む前《まえ》に岸《きし》に着《つ》くよな
でも図画《ずが》だと団体《だんたい》で描《えが》かれているよ？
ずらり…
え？

四十一

水辺

船《ふな》幽《ゆう》霊《れい》

船幽霊《ふなゆうれい》は、全国各地《ぜんこくかくち》に出現《しゅつげん》する妖怪《ようかい》で、雨《あめ》の日《ひ》や新月《しんげつ》または満月《まんげつ》、時化《しけ》の夜《よる》や霧《きり》のかかった夜《よる》に現《あらわ》れることが多《おお》い。水難事故《すいなんじこ》で亡《な》くなった人《ひと》の成《な》れの果《は》てで、生《い》きている人《ひと》を溺死《できし》させ、仲間《なかま》に引《ひ》き入《い》れようとする。「杓《しゃく》くれ」などと声《こえ》をかけてきて、柄杓《ひしゃく》を渡《わた》すと船《ふね》に水《みず》を汲《く》み入《い》れて沈《ちん》没《ぼつ》させてしまう。底《そこ》の抜《ぬ》けた柄杓《ひしゃく》を用意《ようい》して渡《わた》せば、難《なん》を逃《のが》れられるという。また、昔《むかし》は悪天候《あくてんこう》の日《ひ》は船《ふね》が遭難《そうなん》しないように、陸地《りくち》でかがり火《び》を焚《た》いて船《ふね》を誘導《ゆうどう》したが、船幽霊《ふなゆうれい》は沖《おき》で火《ひ》を焚《た》いて船頭《せんどう》を迷《まよ》わせ、この火《ひ》に惑《まど》わされると、船《ふね》は海《うみ》に飲《の》み込《こ》まれて乗《の》っていた人《ひと》は溺死《できし》してしまう。

海座頭《うみざとう》

海面《かいめん》に影《かげ》が…また海坊主《うみぼうず》かな？
ザザー…
右手《みぎて》に杖《つえ》背中《せなか》に琵琶《びわ》の座頭姿《ざとうすがた》…
あれは海座頭《うみざとう》だ
海座頭《うみざとう》は月末《げつまつ》に海上《かいじょう》を彷徨《さまよ》い歩《ある》き遭遇《そうぐう》した者《もの》を脅《おど》かしたり船《ふね》を沈《しず》めたりする
ザー…
対応策《たいおうさく》はないの？
海座頭《うみざとう》の質問《しつもん》に素直《すなお》に答《こた》えれば見逃《みのが》してくれるらしい…
お前《まえ》の怖《こわ》いものはなんだ…
お前《まえ》
素直《すなお》過《す》ぎて怖《こわ》いわ
あれ…見逃《みのが》してくれた？
ザザー…
ザー…
適当《てきとう》な答《こた》えや嘘《うそ》の返事《へんじ》をしなかったからじゃないかな…
うんうん
その場《ば》しのぎで調子《ちょうし》のいいこと言《い》う奴《やつ》だったら沈《しず》んでいたかもな

四十二

水辺

海座頭《うみざとう》

海座頭《うみざとう》は陸中《りくちゅう》（現在《げんざい》の岩手県《いわてけん》）の三《さん》陸沖《りくおき》によく現《あらわ》れる、坊主頭《ぼうずあたま》の巨人《きょじん》の妖怪《ようかい》で、海坊主《うみぼうず》の一種《いっしゅ》だといわれている。右手《みぎて》に杖《つえ》を持《も》ち、背中《せなか》に琵琶《びわ》を担《かつ》いだ座頭姿《ざとうすがた》で、月《つき》の終《お》わる頃《ころ》に現《あらわ》れ、海《うみ》の上《うえ》を彷徨《さまよ》い歩《ある》いては、遭《そう》遇《ぐう》した漁師《りょうし》を脅《おど》かしたり、船《ふね》を転覆《てんぷく》させたり、時《とき》には船《ふね》を丸《まる》ごと飲《の》み込《こ》んでしまう。海座頭《うみざとう》に出遭《であ》うと、「お前《まえ》の怖《こわ》いものはなんだ」などの質問《しつもん》をされることがある。質問《しつもん》に対《たい》して素直《すなお》に答《こた》えれば、見逃《みのが》してくれるという。海座頭《うみざとう》の出現《しゅつげん》する日《ひ》は月末《げつまつ》と決《き》まっており、海坊主《うみぼうず》と同時期《どうじき》に出《しゅつ》現《げん》することはなく、海坊主《うみぼうず》が現《あらわ》れなくなった頃《ころ》に海座頭《うみざとう》が出現《しゅつげん》する。

日《に》本《ほん》三《さん》大《だい》妖《よう》怪《かい》

日本三大妖怪《にほんさんだいようかい》について、文化人類学者《ぶんかじんるいがくしゃ》で民俗《みんぞく》学者《がくしゃ》の小松和彦《こまつかずひこ》氏《し》の説《せつ》を借《か》りると、「大江山《おおえやま》の酒《しゅ》呑童子《てんどうじ》」、「那須野《なすの》の妖狐《ようこ》・玉藻前《たまものまえ》」、「鈴鹿山《すずかやま》の大嶽丸《おおたけまる》」の三体《さんたい》が挙《あ》げられる。これら三体《さんたい》の妖《よう》怪《かい》は、討伐後《とうばつご》、宇治《うじ》の平等院《びょうどういん》の宝物倉《たからぐら》に遺骸《いがい》の一部《いちぶ》が納《おさ》められたという共通点《きょうつうてん》があり、中世《ちゅうせい》の人々《ひとびと》に「もっとも恐《おそ》ろしい妖怪《ようかい》」として知《し》られていた。

大江山《おおえやま》の酒呑童子《しゅてんどうじ》は、一条天皇《いちじょうてんのう》の時代《じだい》に平安《へいあん》京《きょう》に出没《しゅつぼつ》した鬼《おに》の頭領《とうりょう》で、茨木童子《いばらきどうじ》など数多《かずおお》くの鬼《おに》を部下《ぶか》として従《したが》えていた。京《きょう》の貴族《きぞく》の姫君《ひめぎみ》をさらい、悪行《あくぎょう》を重《かさ》ねていたが、源頼光《みなもとのよりみつ》とその配下《はいか》によって討伐《とうばつ》され、首《くび》を落《お》とされた。

玉藻前《たまものまえ》は、鳥羽上皇《とばじょうこう》の女官《にょかん》として、美貌《びぼう》と博《はく》識《しき》から寵愛《ちょうあい》されるが、上皇《じょうこう》は原因不明《げんいんふめい》の病《やまい》に伏《ふ》せるようになる。陰陽師《おんみょうじ》の安倍泰成《あべのやすなり》が玉藻前《たまものまえ》の正体《しょうたい》を見抜《みぬ》き、玉藻前《たまものまえ》は白面金毛九尾《はくめんこんもうきゅうび》の狐《きつね》の姿《すがた》となって行方《ゆくえ》をくらませる。その後、那須野《なすの》で再《ふたた》び悪事《あくじ》を働《はたら》くが、苦闘《くとう》の末《すえ》に討伐《とうばつ》される。息《いき》絶《た》えた後《あと》も巨大《きょだい》な毒石《どくいし》「殺生石《せっしょうせき》」に変化《へんげ》し、近《ちか》づく人《ひと》や動物《どうぶつ》の命《いのち》を奪《うば》い周囲《しゅうい》を恐《おそ》れさせた。

大嶽丸《おおたけまる》は桓武天皇《かんむてんのう》の時代《じだい》に、鈴鹿峠《すずかとうげ》を往来《おうらい》する人間《にんげん》を襲《おそ》い、貢物《みつぎもの》を奪《うば》うなどの悪事《あくじ》を重《かさ》ねた鬼神《きじん》で、坂上田村麻呂《さかのうえのたむらまろ》が三万《さんまん》の軍《ぐん》を率《ひき》いて討伐《とうばつ》に向《む》かうが、強敵《きょうてき》で数年《すうねん》にわたり進軍《しんぐん》が阻《はば》まれる。しかし、鈴鹿山《すずかやま》に天下《あまくだ》った天女《てんにょ》、鈴鹿御前《すずかごぜん》の助言《じょげん》を得《え》て、大嶽丸《おおたけまる》の武器《ぶき》である三明《さんみょう》の剣《つるぎ》の二振《ふたふ》りを騙《だま》して手《て》に入《い》れ、激戦《げきせん》の末《すえ》に、そはやの剣《つるぎ》で首《くび》を落《お》とされ討伐《とうばつ》された。

第《だい》四《よん》章《しょう》

―― 家屋《かおく》の妖怪《ようかい》

金霊《かなだま》

今年《ことし》も一年《いちねん》出費《しゅっぴ》が多《おお》かった…
あ！金霊《かなだま》だ！
ザァァ…
あの家《いえ》に入《はい》るみたいだ！行《い》こう!!
空《あ》き家《や》かな？妖怪《ようかい》でも出《で》てきそうな雰囲気《ふんいき》だ…
俺《おれ》らも妖怪《ようかい》だぞ
お邪魔しま〜す
金霊《かなだま》は金《かね》の気《き》金《かね》の精霊《せいれい》…手《て》にした者《もの》の家《いえ》を栄《さか》えさせる
この家《いえ》に入《はい》った金霊《かなだま》を俺《おれ》らが横取《よこど》りしちゃっていいのかな？
金霊《かなだま》は見込《みこ》んだ者《もの》や通《とお》りすがりにも富《とみ》を授《さず》けるよ
いた〜
誰《だれ》もいないし目撃者《もくげきしゃ》の俺《おれ》らが見込《みこ》まれたでいいんじゃない？
基本的《きほんてき》には福《ふく》をもたらす善良《ぜんりょう》な妖怪《ようかい》だし大丈夫《だいじょうぶ》だよ
欲深《よくぶか》い者《もの》を戒《いまし》める逸話《いつわ》もあるらしいけど
福《ふく》かな？戒《いまし》めかな？
シャラララッ
猫《ねこ》に小判《こばん》(笑)
シャラッ
挑発《ちょうはつ》かもしれないぞ

四十三

家屋

金霊《かなだま》

金霊《かなだま》は金《かね》の精霊《せいれい》や金《かね》の気《き》で、手《て》にした者《もの》の家《いえ》を栄《さか》えさせるという。鳥山石燕《とりやませきえん》の『今昔画図続百鬼《こんじゃくがずぞくひゃっき》』にも、「金《かな》だまは金気也《かねけなり》、唐詩《とうし》に、不貪夜識金銀気《むさぼらずしてよるにきんぎんのきをしり》といへり、又《また》論語《ろんご》にも富貴在天《ふうきてんにあり》と見《み》えたり、人《ひと》善事《ぜんじ》を成《な》せば天《てん》より福《ふく》をあたふる事《こと》、必然《ひつぜん》の理也《りなり》」とある。唐詩《とうし》の「不貪夜識金銀気《むさぼらずしてよるにきんぎんのきをしり》」や論語《ろんご》の「富貴在天《ふうきざいてん》」でも、善行《ぜんこう》を行《おこな》えば福《ふく》が訪《おとず》れることは、必然《ひつぜん》であるとしている。金霊《かなだま》は付喪神《つくもがみ》の一種《いっしゅ》でもあり、一説《いっせつ》では使《つか》われずに忘《わす》れ去《さ》られたさまざまなお金《かね》が、「使《つか》って欲《ほ》しい」と形《かたち》をなしたものだという。金玉《かねだま》と呼《よ》ばれる金色《きんいろ》に光《ひか》る玉《たま》も、訪《おとず》れた家《いえ》を栄《さか》えさせる。

加《が》牟《ん》波《ば》理《り》入道《にゅうどう》

古《ふる》い家屋《かおく》の厠《かわや》っておばけ出《で》そうだよね
トイレ行《い》こうとしたときにそれ言《い》う？
怖《こわ》いから扉《とびら》の前《まえ》にいて
うぅ…
はいはい
出《で》たあああああっ!!
バンッ
あ…加《が》牟《ん》波《ば》理《り》入道《にゅうどう》
加《が》牟《ん》波《ば》理《り》入道《にゅうどう》は年《とし》の瀬《せ》に厠《かわや》に現《あらわ》れる妖怪《ようかい》だよ
入道姿《にゅうどうすがた》で幽霊《ゆうれい》のように足《あし》がなく…
口《くち》から吹《ふ》いた息《いき》で作《つく》った鳥《とり》をけしかけたり…
幽霊《ゆうれい》じゃないんだ
冷《つめ》たい息《いき》をかけ酷《ひど》い便秘《べんぴ》にしたり驚《おどろ》いてる間《あいだ》に尻《しり》を触《さわ》る悪《わる》さをする
幽霊《ゆうれい》よりタチ悪《わる》い
大晦日《おおみそか》の夜《よる》に加《が》牟《ん》波《ば》理《り》入道《にゅうどう》郭公《ほととぎす》と唱《とな》えると一年《いちねん》は厠《かわや》で妖怪《ようかい》を見《み》ないらしいよ
がんばりにゅうどうほととぎす!!
加《が》牟《ん》波《ば》理《り》入道《にゅうどう》郭公《ほととぎす》!! 退散《たいさん》!!!

四十四

家屋

加牟波理入道《がんばりにゅうどう》

日本各地《にほんかくち》、主《おも》に近畿圏《きんきけん》の伝承《でんしょう》に多《おお》く登場《とうじょう》する妖怪《ようかい》。厠《かわや》（便所《べんじょ》）の神《かみ》であるともいわれている。入道姿《にゅうどうすがた》で幽霊《ゆうれい》のように足《あし》がなく、伝承《でんしょう》により異《こと》なるが、厠《かわや》を窓《まど》の外《そと》から覗《のぞ》き込《こ》み、口《くち》から吹《ふ》いた息《いき》で作《つく》った鳥《とり》をけしかけたり（あるいは冷《つめ》たい息《いき》を吹《ふ》きかける）、たちどころに酷《ひど》い便秘《べんぴ》にしたり、驚《おどろ》いている間《あいだ》に尻《しり》を触《さわ》るなどの悪《わる》さをする。大晦日《おおみそか》の夜《よる》に厠《かわや》へ行《い》って「がんばりにゅうどうほととぎす」と唱《とな》えると、一年《いちねん》は厠《かわや》で妖怪《ようかい》を見《み》ないといわれる。また、富《とみ》を得《え》たとの伝承《でんしょう》もある。一方《いっぽう》で、この呪文《じゅもん》が禍《わざわい》をもたらすこともあるとして、大晦日《おおみそか》にこの呪文《じゅもん》を思《おも》い出《だ》すのは不《ふ》吉《きつ》とされる地域《ちいき》もある。

網剪《あみきり》

ここは寝室《しんしつ》かな…？
蚊帳《かや》だ！
昔《むかし》はこれで蚊《か》を防《ふせ》いだよねぇ
ス―
風情《ふぜい》があっていいねぇ
ちらっ
あ…
今《いま》はあまり見《み》なくなったよなぁ…
そわっ…
チョキンッ
あああっ!!やっぱりやりやがった!!
絶対《ぜったい》やると思《おも》った!!
網剪《あみきり》だね…蚊帳《かや》や干《ほ》している網《あみ》や洗濯物《せんたくもの》を切《き》り裂《さ》く妖怪《ようかい》
あっ…今度《こんど》はカーテンを!!
チョキ
チョキ
この家《いえ》迷惑《めいわく》な妖怪《ようかい》多《おお》くない？

四十五

家屋

網《あみ》剪《きり》

網剪《あみきり》に関《かん》する資料《しりょう》はほとんどない。蚊帳《かや》や干《ほ》してある網《あみ》を切《き》り裂《さ》く妖怪《ようかい》であるとされている。『画図百鬼夜行《がずひゃっきやこう》』では、海老《えび》のような体《からだ》にサソリのようなハサミ、口《くち》はクチバシ状《じょう》で、髪《かみ》の毛《け》が生《は》えた姿《すがた》で描《えが》かれている。山田野理夫《やまだのりお》著《ちょ》『東北怪談《とうほくかいだん》の旅《たび》』に、山形県庄内地方《やまがたけんしょうないちほう》の伝承《でんしょう》としてこんな話《はなし》がある。網剪《あみきり》が漁村《ぎょそん》の漁網《ぎょもう》を切《き》り裂《さ》く害《がい》が続《つづ》いたため、ある者《もの》が網《あみ》を家《いえ》に隠《かく》して害《がい》を防《ふせ》いだ。すると、夜《よる》に網剪《あみきり》が現《あらわ》れて、部屋《へや》に吊《つ》っておいた蚊帳《かや》を切《き》り裂《さ》いたため、その者《もの》は全身《ぜんしん》を蚊《か》に刺《さ》されてしまったという。ただ、この話《はなし》を裏付《うらづ》ける資料《しりょう》はなく、創作《そうさく》ではないかといわれている。

毛羽毛現《けうけげん》

空《あ》き家《や》って やばい妖怪《ようかい》が 棲《す》みつくのかな
妖怪探索《ようかいたんさく》して いる側《がわ》としては 探《さが》す手間《てま》が 省《はぶ》けていいよ
あ！ 庭《にわ》にでっかい ワンコいる！
長毛《ちょうもう》の犬《いぬ》だ モフりてぇ
フワフワの ワンコ
これ… 犬《いぬ》じゃなくて 毛羽毛現《けうけげん》だよ
希有希現《けうけげん》とも 表記《ひょうき》され 稀《まれ》にしか見《み》る ことがない妖怪《ようかい》
毛《け》むくじゃらで 毛《け》の長《なが》い洋犬《ようけん》を モデルに描《えが》かれた という説《せつ》もある
……
だから犬《いぬ》 みたいなのか
こんな姿《すがた》だけど 棲《す》みつかれると 病気《びょうき》になるから 疫神《えきじん》の一種《いっしゅ》とも いわれてるし
じめじめした 床下《ゆかした》や湿《しめ》った 場所《ばしょ》にいる 妖怪《ようかい》だよ
ゾゾゾゾ…
なんか急《きゅう》に 触《さわ》りたくなく なってきた…
ゾワッ

四十六

家屋

毛羽毛現《けうけげん》

毛羽毛現《けうけげん》は、全身《ぜんしん》が毛《け》に包《つつ》まれた毛《け》むくじゃらの妖怪《ようかい》で、「希有希見《けうけげん》」や「希有希現《けうけげん》」とも表記《ひょうき》される。これは「稀《まれ》にしか見《み》ることがない」という意味《いみ》で、『今昔百鬼拾遺《こんじゃくひゃっきしゅうい》』にある鳥山石燕《とりやませきえん》の解説文《かいせつぶん》によると、中国《ちゅうごく》の古書《こしょ》『列仙伝《れっせんでん》』にある全身毛《ぜんしんけ》だらけの仙女《せんにょ》、「毛女《もうじょ》」のような姿《すがた》をしているという。毛羽毛現《けうけげん》の正体《しょうたい》や目的《もくてき》は不明《ふめい》で、当時《とうじ》、日本《にほん》に入《はい》ってきた毛《け》の長《なが》い洋犬《ようけん》をモデルに描《えが》かれたという説《せつ》もある。近年《きんねん》の妖怪図鑑《ようかいずかん》などでは、じめじめとした床下《ゆかした》や、湿《しめ》った場所《ばしょ》におり、これが家《いえ》に棲《す》みつくと調子《ちょうし》の悪《わる》い人《ひと》や病人《びょうにん》が出《で》るとされる。疫神《えきじん》の一種《いっしゅ》とも考《かんが》えられている。

しょうけら

しょうけらは わたとてまたか 我宿《わがやど》へ
ねぬぞねたかぞ ねたかぞねぬば
どうした急《きゅう》に？ 今《いま》のは和歌《わか》？ それとも呪文《じゅもん》？
庚申待《こうしんまち》という 神仏《しんぶつ》を祀《まつ》る 行事《ぎょうじ》があって…
人間《にんげん》の体《からだ》には 三尸虫《さんしちゅう》という 虫《むし》がいて日常《にちじょう》を 監視《かんし》してるんだ
そして庚申《こうしん》の夜《よる》 体《からだ》から出《で》てきて 天帝《てんてい》に罪過《ざいか》を 報告《ほうこく》する…
報告《ほうこく》されると どうなるの？
罪過《ざいか》によっては 天帝《てんてい》に寿命《じゅみょう》を 奪《うば》われる
だから庚申《こうしん》の夜《よる》は 三尸虫《さんしちゅう》が体《からだ》から 出《で》ないよう眠《ねむ》らずに 行事《ぎょうじ》を行《おこな》う
さっきのは この害《がい》を避《さ》ける ための呪文《じゅもん》 なんだ
しょうけらと なんの関係《かんけい》が あるの？
しょうけらは 庚申《こうしん》の夜《よる》を 監視《かんし》しているか 三尸虫《さんしちゅう》そのものと いわれてて…
なんかそこに それっぽいの いるなーって
じーーっっ
すぴょ
すぴょ
起《お》きろ 白猫《しろねこ》～!!

四十七

家屋 しょうけら

しょうけらは、庚申待《こうしんまち》で人間《にんげん》に害《がい》をもたらすといわれる妖怪《ようかい》である。庚《こう》申待《しんまち》とは、庚申《こうしん》の日《ひ》に神仏《しんぶつ》を祀《まつ》り徹《てつ》夜《や》をする行事《ぎょうじ》。人間《にんげん》の体内《たいない》には三尸《さんし》虫《ちゅう》という虫《むし》がおり、日頃《ひごろ》の言動《げんどう》をいつも監視《かんし》しているが、庚申《こうしん》の夜《よる》に人《にん》間《げん》の体《からだ》から出《で》て天《てん》に昇《のぼ》り、天帝《てんてい》に罪《ざい》過《か》を報告《ほうこく》するのだという。それにより天帝《てんてい》がその人《ひと》の寿命《じゅみょう》を奪《うば》うため、庚申《こうしん》の夜《よる》は三尸虫《さんしちゅう》が体外《たいがい》に出《で》ないよう、眠《ねむ》らずにこの行事《ぎょうじ》を行《おこな》う。「しょうけらは、わたとてまたか我《わが》宿《やど》へ、ねぬぞねたかぞ、ねたかぞねぬば」という呪文《じゅもん》を唱《とな》えると、この害《がい》を避《さ》けられることから、しょうけらは庚申《こうしん》の夜《よる》を監視《かんし》しているか、三《さん》尸虫《しちゅう》そのものだといわれている。

煙々羅《えんえんら》

もくもくと煙《けむり》が出《で》てる
火事《かじ》かな?
ブワッッッ
違《ちが》うよこれは煙々羅《えんえんら》だ
煙々羅《えんえんら》は煙《けむり》の妖怪《ようかい》で…
特《とく》に悪《わる》さをするでもなくさまざまな姿《すがた》になりながら大気中《たいきちゅう》をさまよう
かまどや焚火《たきび》線香《せんこう》や風呂場《ふろば》の煙《けむり》の中《なか》に浮《う》かび上《あ》がる妖怪《ようかい》
ほうほう
人《ひと》や獣《けもの》のような怪《あや》しい顔《かお》に見《み》えるそうで…
え?クリームパンじゃなくて?
ちがうよ!綿菓子《わたがし》だよ
心《こころ》の綺麗《きれい》な人《ひと》にだけ見《み》える説《せつ》は黙《だま》っておこう…
君達《きみたち》ピュアだよね
そう?
マシュマロ食《た》べたくなってきた~

四十八

家屋

煙《えん》々《えん》羅《ら》

煙々羅《えんえんら》は煙《けむり》の妖怪《ようかい》で、「煙羅煙羅《えんらえんら》」ともいう。鳥山石燕《とりやませきえん》の『今昔百鬼拾遺《こんじゃくひゃっきしゅうい》』の画図《がず》では、煙《けむり》の中《なか》に、人《ひと》のような獣《けもの》のような怪《あや》しい顔《かお》が浮《う》かび上《あ》がった姿《すがた》で描《えが》かれている。特《とく》に悪《わる》さをするでもなく、さまざまな姿《すがた》になりながら大気中《たいきちゅう》をさまよい、かまどや焚《たき》火《び》、線香《せんこう》や風呂場《ふろば》から立《た》ち上《のぼ》った煙《けむり》の中《なか》に浮《う》かび上《あ》がる。煙《けむり》の妖怪《ようかい》であることから、ぼんやりと無心《むしん》に煙《けむり》を眺《なが》めるような、心《こころ》の余裕《よゆう》がある人《ひと》でなければ見《み》ることができないとする説《せつ》や、心《こころ》の美《うつく》しい人《ひと》にだけ見《み》えるという説《せつ》もある。煙々羅《えんえんら》についての具《ぐ》体的《たいてき》な伝承《でんしょう》はなく、石燕《せきえん》による創作《そうさく》妖怪《ようかい》の一《ひと》つであると考《かんが》えられている。

ぬらりひょん

あ…誰《だれ》か来《き》た
ひょこっ
あの風貌《ふうぼう》はどう見《み》てもぬらりひょん
ぬらりひょんは有名《ゆうめい》だから俺《おれ》でも知《し》ってるぜ…妖怪《ようかい》の総大将《そうだいしょう》で…
ザワッ
人知《ひとし》れず家《いえ》に上《あ》がってご飯《はん》を食《た》べて帰《かえ》る妖怪《ようかい》だろ？
褒《ほ》めてるのか下《さ》げてるのか
それは昭和《しょうわ》の妖怪本《ようかいぼん》からの解説《かいせつ》で…
本来《ほんらい》は絵姿《えすがた》以外《いがい》人前《ひとまえ》に出《で》る目的《もくてき》も正体《しょうたい》も不明《ふめい》の妖怪《ようかい》なんだ
ぬらりくらりつかみどころがないからという説《せつ》もある
え？そうなの？
じゃあぬらりひょん強《つよ》くないの？
あれ？いない!!
こんな風《ふう》に神出鬼没《しんしゅつきぼつ》だから創作《そうさく》が捗《はかど》る妖怪《ようかい》なのかもね

四十九

家屋

ぬらりひょん

ぬらりひょんは、大《おお》きな頭《あたま》の老人《ろうじん》の妖怪《ようかい》で、着物《きもの》や袈裟《けさ》を着《き》た姿《すがた》で描《えが》かれることが多《おお》い。絵姿《えすがた》のみで解説《かいせつ》は存在《そんざい》せず、昭和《しょうわ》の妖怪本《ようかいぼん》では、「妖《よう》怪《かい》の総大将《そうだいしょう》」や、「家《いえ》に上《あ》がり込《こ》んで茶《ちゃ》を飲《の》む」などの特徴《とくちょう》がみられるが、根拠《こんきょ》となる伝承《でんしょう》などはない。ぬらりひょんという名前《なまえ》の由来《ゆらい》は、鳥《とり》山石燕《やませきえん》が、駕籠《かご》から降《お》りる姿《すがた》のぬらりひょんを描《えが》いた際《さい》に、乗物《のりもの》から降《お》りる動作《どうさ》を「ぬらりん」といったことから、名《な》と動作《どうさ》を掛《か》けあわせた説《せつ》、ぬらりくらりと、つかみどころがない妖怪《ようかい》であるからという説《せつ》など、さまざまである。何《なん》のために人前《ひとまえ》に現《あらわ》れるのか、正体《しょうたい》は何《なん》なのか、不明《ふめい》な点《てん》の多《おお》い妖怪《ようかい》である。

犬神《いぬがみ》

あ…!!
犬神《いぬがみ》がいる…
わふんっ
ちょこん
ここは犬神憑《いぬがみつ》きの家《いえ》だったのか…
犬神《いぬがみ》は中国《ちゅうごく》・四国《しこく》九州地方《きゅうしゅうちほう》に伝《つた》わる犬《いぬ》の霊《れい》の憑《つ》き物《もの》
突発的《とっぱつてき》に犬神《いぬがみ》になることもあるけど…
大抵《たいてい》は使役目的《しえきもくてき》の呪詛《じゅそ》…蠱術《こじゅつ》によるものだね…
ギリ…ギリ…ギリ
プルプル
蠱術《こじゅつ》ってかなりえぐいことするんじゃないっけ？
犬《いぬ》を首《くび》だけ出《だ》して土《つち》に埋《う》めて…ぎりぎり届《とど》かない所《ところ》に食物《しょくもつ》を置《お》き…
犬《いぬ》を飢《う》えさせ死《し》ぬ間際《まぎわ》に首《くび》を落《お》とす
ひっ…
すると犬《いぬ》の首《くび》が飛《と》んで食物《しょくもつ》に食《く》らいつき…
これを焼《や》いた骨《ほね》を器《うつわ》に入《い》れて祀《まつ》り使役《しえき》するのが犬神《いぬがみ》の術《じゅつ》…
こわっ…
この犬神《いぬがみ》さんは突発型《とっぱつがた》かな？蠱術《こじゅつ》かな…？
キランッ
なんか祀《まつ》られてない？
ゾワワワ
ひぃいっ!!

犬神《いぬがみ》は、主《おも》に中国《ちゅうごく》・四国《しこく》・九州《きゅうしゅう》の
地方《ちほう》に伝《つた》わる犬《いぬ》の霊《れい》の憑《つ》き物《もの》で、
くの絵巻物《えまきもの》では、公家《くげ》のような立
な衣装《いしょう》に、犬《いぬ》の頭《あたま》をした姿《すがた》で描《えが》か
ている。犬神《いぬがみ》の発祥《はっしょう》は、突発的《とっぱつてき》に
こるものと、蠱術《こじゅつ》（動物霊《どうぶつれい》を使役《しえき》
る呪詛《じゅそ》）によるものがある。後者《こうしゃ》
子孫世代《しそんせだい》を追《お》って離《はな》れることなく、
術者《じゅつしゃ》の家系《かけい》に取《と》り憑《つ》き、犬神筋《いぬがみすじ》の
は忌《い》み嫌《きら》われたという。この術《じゅつ》では
飢餓状態《きがじょうたい》の犬《いぬ》の首《くび》だけを出《だ》して土《つち》
埋《う》め、ギリギリ届《とど》かないところに
物《もつ》を置《お》き、犬《いぬ》が死《し》ぬ間際《まぎわ》に首《くび》を落《お》
す。すると、犬《いぬ》の首《くび》は飛《と》んで食物《しょくもつ》
食《く》らいつき、これを焼《や》いた骨《ほね》を器《うつわ》
入《い》れて祀《まつ》れば、それを自由《じゆう》に使役《しえき》
きるというものである。

ひょうすべ

ホラー映画《えいが》の事故物件《じこぶっけん》って水場《みずば》が一番《いちばん》やばいよね…
ボンッ…
なんで今《いま》その話《はなし》した？フラグか？
カポーーン…
噂《うわさ》をすればやっぱり風呂場《ふろば》に変《へん》なの出《で》た〜!!
ひょうすべだね河童《かっぱ》の一種《いっしゅ》といわれている
ヒヒッ
こんなに毛深《けぶか》いのに河童《かっぱ》なの？
皿《さら》もなくて禿《は》げてるのに河童《かっぱ》なの？
パシャッ
諸説《しょせつ》あるけど家屋《かおく》に現《あらわ》れ風呂《ふろ》の湯《ゆ》を泥《どろ》だらけにする
ろくなことしねぇな
ヒッヒッヒッ
ちなみに浸《つ》かった後《あと》の湯《ゆ》に触《ふ》れた馬《うま》が死《し》んだらしい
いいとこないな
ヒッヒッヒッと笑《わら》いだすけどつられて笑《わら》うと死《し》ぬこともある
笑《わら》ってはいけないかよ…
ヒッヒッヒッヒッ
うっはw風呂《ふろ》の水《みず》かけてきたw
パシャッ
白猫《しろねこ》アウト〜

ひょうすべは九州《きゅうしゅう》に伝《つた》わる妖怪《ようかい》で、河童《かっぱ》の一種《いっしゅ》と考《かんが》えられている。名前《なまえ》の由来《ゆらい》は、鳴《な》き声《ごえ》からくる説《せつ》や、「兵主部《ひょうすべ》」からきた説《せつ》がある。春日《かすが》大社《たいしゃ》を三笠山《みかさやま》に遷《うつ》す際《さい》、秘法《ひほう》により人形《にんぎょう》に命《いのち》を与《あた》え、社殿建立《しゃでんこんりゅう》のための労働力《ろうどうりょく》とした。完成後《かんせいご》、不要《ふよう》となった人形《にんぎょう》を川《かわ》に捨《す》てたところ、人形《にんぎょう》は河童《かっぱ》となって人々《ひとびと》に害《がい》をなした。それを鎮《しず》めたのが、兵部大輔《ひょうぶたいふ》（今《いま》でいう次官《じかん》）の橘島田丸《たちばなのしまだまる》で、その河童《かっぱ》たちを「主《あるじ》は兵部《ひょうぶ》」という意味《いみ》から「兵主部《ひょうすべ》」と呼《よ》ぶようになったという。江戸時代《えどじだい》の絵巻物《えまきもの》では毛深《けぶか》く禿《は》げ頭《あたま》の姿《すがた》で描《えが》かれ、ナスを好《この》み、家《か》屋《おく》に現《あらわ》れて風呂《ふろ》を汚《よご》したり、馬《うま》を殺《ころ》したりと、多《おお》くの民間伝承《みんかんでんしょう》がある。

垢嘗《あかなめ》

ひょうすべがいなくなったはいいけど…
べろんっっ
別《べつ》の怪《あや》しい妖怪《ようかい》が現《あらわ》れた
垢嘗《あかなめ》だね
垢嘗《あかなめ》は人《ひと》が寝静《ねしず》まった夜《よる》に風呂場《ふろば》に現《あらわ》れ桶《おけ》の垢《あか》や壁《かべ》の汚《よご》れを舐《な》めて食《た》べる
毒だから
おいお前《まえ》！湯舟《ゆぶね》の湯《ゆ》は舐《な》めるなよ
つんつん
ひょうすべ殺人事件《さつじんじけん》とか嫌《いや》だよ
垢嘗《あかなめ》は特《とく》に人《ひと》に害《がい》は加《くわ》えないけど…垢嘗《あかなめ》が現《あらわ》れないよう常《つね》に風呂場《ふろば》を綺麗《きれい》に掃除《そうじ》しろとか…
教訓《きょうくん》や戒《いまし》めに使《つか》われることが多《おお》いね
ぺろんっっ
ほらっ
桶でも舐めとけ
人畜無害《じんちくむがい》でいい妖怪《ようかい》じゃん
一家《いっか》に一匹《いっぴき》欲《ほ》しいわ…
風呂《ふろ》の掃除《そうじ》サボる気《き》満々《まんまん》だな…
掃除《そうじ》を忘《わす》れるほど心《こころ》の穢《けが》れや煩悩《ぼんのう》を溜《た》め込《こ》むなという戒《いまし》めもあるよ

垢嘗《あかなめ》は、人《ひと》が寝静《ねしず》まった夜《よる》に風呂場《ふろば》に現《あらわ》れ、桶《おけ》の垢《あか》や壁《かべ》の汚《よご》れを舐《な》めて食《た》べる妖怪《ようかい》で、垢《あか》を舐《な》める以外《いがい》に、特《とく》に人《ひと》に害《がい》を加《くわ》えることはないが、垢嘗《あかなめ》が現《あらわ》れないように、風呂場《ふろば》は常《つね》に綺麗《きれい》にしておかなければならない。正体《しょうたい》を見《み》た人《ひと》はいないが、垢《あか》からアカを連想《れんそう》し、図画《ずが》では赤《あか》い肌《はだ》で描《えが》かれることが多《おお》い。足《あし》にかぎ爪《づめ》が一《ひと》つあり、おかっぱ頭《あたま》で舌《した》の長《なが》い男《おとこ》や、緑色《みどりいろ》でうろこのような肌《はだ》で描《えが》かれることもある。風呂場《ふろば》の垢《あか》や汚《よご》れが積《つ》もり積《つ》もって妖怪《ようかい》になったと考《かんが》えられ、垢《あか》は心《こころ》の穢《けが》れや煩悩《ぼんのう》も意味《いみ》することから、掃除《そうじ》を忘《わす》れるほど穢《けが》れを身《み》に溜《た》め込《こ》まないよう、教訓《きょうくん》や戒《いまし》めとして使《つか》われた説《せつ》もある。

目目連《もくもくれん》

なんか視線《しせん》を感《かん》じない？
キョロッ
あ！目目連《もくもくれん》だ！
目目連《もくもくれん》は廃屋《はいおく》の障子《しょうじ》などに憑《つ》く妖怪《ようかい》
碁打《ごう》ちが碁盤《ごばん》に注《そそ》いだ念《ねん》がマス目《め》に似《に》た障子《しょうじ》に広《ひろ》がったとも考《かんが》えられる
碁打《ごう》ちって？
囲碁《いご》を専業《せんぎょう》にする人《ひと》のこと
それだけ？
うずっ…
毒《どく》とか害《がい》とか呪《のろ》いとかはないの？
ないよ
ということは…
ジャキンッ
障子《しょうじ》と言《い》えば猫《ねこ》だよねぇ…
あ…

五十三 家屋 目目連《もくもくれん》

廃屋《はいおく》の障子《しょうじ》などに憑《つ》く妖怪《ようかい》で、鳥山《とりやま》石燕《せきえん》の『今昔百鬼拾遺《こんじゃくひゃっきしゅうい》』が初出《しょしゅつ》であることから、石燕《せきえん》の創作妖怪《そうさくようかい》ではないかといわれている。荒《あ》れた家《いえ》の障子《しょうじ》のマス目《め》に、無数《むすう》の目《め》が浮《う》かび上《あ》がった姿《すがた》で描《えが》かれており、「煙霞跡《えんかあと》なくしてむかしたれか栖《すみ》し家《いえ》のすみずみに目《め》を多《おお》くもちしは碁打《ごうち》のすみし跡《あと》ならんか」との解説《かいせつ》がある。「煙《けむり》や霞《かすみ》は跡《あと》を残《のこ》さないから、昔《むかし》、誰《だれ》が住《す》んでいたかわからないが、家《いえ》の隅々《すみずみ》に目《め》がたくさんあるから、碁打《ごう》ちが住《す》んでいた跡《あと》だろうか」と、碁打《ごう》ちの念《ねん》が碁盤《ごばん》に籠《こも》り、それが碁盤《ごばん》のマス目《め》に似《に》た障子《しょうじ》に広《ひろ》がったのではと考《かんが》えられている。

枕返《まくらがえ》し

この部屋《へや》布団《ふとん》が敷《し》いてある
そういえば枕返《まくらがえ》しという妖怪《ようかい》がいるね
枕返《まくらがえ》し？
寝《ね》てる間《あいだ》に枕《まくら》をひっくり返《かえ》したり位置《いち》を動《うご》かす妖怪《ようかい》姿《すがた》や伝承《でんしょう》はさまざま
へ～
噂《うわさ》をすればなんか出《で》てきたぞ
枕《まくら》をひっくり返《かえ》すだけの枕返《まくらがえ》しもいれば
枕《まくら》をひっくり返《かえ》された者《もの》の命《いのち》を奪《うば》う枕返《まくらがえ》しもいるよ
バン
バン
こいつはどっちだ？
まぁ僕《ぼく》らは枕使《まくらつか》わないし関係《かんけい》ないね
…
フッ…
フフッ
残念《ざんねん》だったな
フッ
猫《ねこ》は警戒《けいかい》しているときは足裏《あしうら》を床《ゆか》に付《つ》け腹《はら》を隠《かく》し丸《まる》くなって寝《ね》るんだ

五十四

家屋

枕《まくら》返《がえ》し

眠《ねむ》っている間《あいだ》に枕《まくら》をひっくり返《かえ》したり、位置《いち》を動《うご》かしたりする妖怪《ようかい》。その姿《すがた》はさまざまで、明確《めいかく》な外見《がいけん》は伝《つた》わっていない。枕《まくら》を動《うご》かすだけの枕《まくら》返《がえ》しもいれば、枕《まくら》をひっくり返《かえ》された者《もの》の命《いのち》を奪《うば》う恐《おそ》ろしい枕返《まくらがえ》しもいる。その正体《しょうたい》は、精霊《せいれい》や座敷童子《ざしきわらし》であるとか、その部屋《へや》で死《し》んだ人間《にんげん》の霊《れい》であるともいわれている。有名《ゆうめい》な話《はなし》では、旅館《りょかん》の主人《しゅじん》が宿泊《しゅくはく》した盲人《もうじん》の金《かね》を奪《うば》うために騙《だま》して殺《ころ》したところ、その盲人《もうじん》の霊《れい》が枕返《まくらがえ》しとなって部屋《へや》に棲《す》み着《つ》き、宿泊《しゅくはく》する人《ひと》の枕《まくら》を返《かえ》したという。また、七人《しちにん》の木《き》こりが大木《たいぼく》を切《き》ったところ、その夜《よる》に木《き》の精霊《せいれい》が現《あらわ》れて枕《まくら》を返《かえ》し、七人《しちにん》とも死《し》んでしまったという話《はなし》もある。

ろくろ首《くび》

ほんとこの家《いえ》妖怪《ようかい》だらけだよねぇ…
事件《じけん》だ!!
バーンッ
首《くび》のない女《おんな》の死体《したい》があるぞ…!!
いや…首《くび》はあるようだよ? ろくろ首《くび》かな
伸びているだけ
お前冷静だよね…
あら…猫又《ねこまた》ちゃん?
こんばんは
轆轤《ろくろ》首《くび》は夜《よる》に首《くび》が長《なが》く伸《の》びて動《うご》き回《まわ》ったり獲物《えもの》を襲《おそ》ったりする妖怪《ようかい》
首《くび》が伸《の》びる轆轤《ろくろ》首《くび》の他《ほか》に首《くび》が抜《ぬ》けて頭《あたま》が飛《と》び回《まわ》る飛頭蛮《とうばん》や抜《ぬ》け首《くび》がいる
うね
うね
あ…
うずっ
飛頭蛮《ひとうばん》の方《ほう》は人《ひと》を襲《おそ》って血《ち》を吸《す》ったりするんだけど…
野生《やせい》が疼《うず》くにゃああ!!
バッ
嫌《いや》~っ!!
ツッ
こっちが襲《おそ》ってどうする

五十五

家屋

ろくろ首《くび》

「ろくろ首《くび》」には大《おお》きく分《わ》けて、首《くび》が伸《の》びるものと、首《くび》が抜《ぬ》けて頭部《とうぶ》が飛《と》び回《まわ》るものの二種類《にしゅるい》がある。前者《ぜんしゃ》は「轆轤首《ろくろくび》」と書《か》き、夜《よる》に布団《ふとん》で寝《ね》ている間《あいだ》に首《くび》が長《なが》く伸《の》び、動《うご》き回《まわ》るだけのものもいれば、獲物《えもの》を襲《おそ》うものもいる。「轆轤《ろくろ》」とは井戸《いど》の釣瓶《つるべ》を上下《じょうげ》するのに使《つか》う滑車《かっしゃ》のことをいう。後者《こうしゃ》は「飛頭蛮《ひとうばん》」や「抜《ぬ》け首《くび》」と呼《よ》ばれ、首《くび》が胴《どう》と分離《ぶんり》して飛行《ひこう》し、人《ひと》を襲《おそ》うなどの悪《わる》さをする。ろくろ首《くび》は、普段《ふだん》は普通《ふつう》の人間《にんげん》と変《か》わらない外見《がいけん》で、女性《じょせい》が多《おお》く、たまに男性《だんせい》もいる。ろくろ首《くび》になる人《ひと》には特《とく》徴《ちょう》があり、喉《のど》に紫色《むらさきいろ》の筋《すじ》があったり、首筋《くびすじ》に輪《わ》や痣《あざ》があるという。

二口女《ふたくちおんな》

ろくろ首《くび》さん逃《に》げちゃった…
そりゃ逃《に》げるわ
あれ？また女《おんな》の人《ひと》？
もぐもぐ
二口女《ふたくちおんな》だ
姿形《すがたかたち》は人間《にんげん》の女《おんな》だけど後頭部《こうとうぶ》にもう一《ひと》つ大《おお》きな口《くち》がある妖怪《ようかい》
ぱく
あーん
もぐ
めっちゃ食《く》ってる
ぱく
あーん
蛇《へび》のような髪《かみ》を箸《はし》の代《か》わりにして後《うし》ろの口《くち》でも食《た》べ物《もの》を食《く》らう
人前《ひとまえ》で決《けっ》して食事《しょくじ》をしない妻《つま》が誰《だれ》もいないとき後《うし》ろの口《くち》で大量《たいりょう》の食事《しょくじ》を平《たい》らげたり
継子《ままこ》を餓死《がし》させた継母《ままはは》が二口女《ふたくちおんな》になって罪《つみ》を悔《く》いた話《はなし》もある
食《た》べ物《もの》絡《がら》みのそういう話《はなし》は切《せつ》ないな…
食《た》べるの邪魔《じゃま》しないであげよう…
スッ…
彼女《かのじょ》はそっとしておこう…
ばくばく
フッ
食《た》べ物《もの》に対《たい》する愛《あい》より誠実《せいじつ》な愛《あい》はない（ジョージ・バーナード・ショー）

五十六

家屋

二《ふた》口《くち》女《おんな》

姿形《すがたかたち》は人間《にんげん》の女《おんな》に似《に》ているが、後《こう》頭部《とうぶ》に大《おお》きな「もう一《ひと》つの口《くち》」がある妖怪《ようかい》。蛇《へび》のような髪《かみ》の先《さき》を箸《はし》代《が》わりにして、後《うし》ろの口《くち》でも食《た》べ物《もの》を食《く》らう。正体《しょうたい》は文献《ぶんけん》によりさまざまな説《せつ》があるが、「食《く》わず女房《にょうぼう》」の説話《せつわ》では、人前《ひとまえ》では決《けっ》して食事《しょくじ》をしない妻《つま》が、誰《だれ》も居《い》ないときを見計《みはか》らって、後《うし》ろの口《くち》で大量《たいりょう》の食事《しょくじ》を平《たい》らげる。その正体《しょうたい》は山姥《やまんば》や蜘蛛《くも》といった人外《じんがい》であるといわれている。また、継子《ままこ》を苛《いじ》めて餓死《がし》させた継母《ままはは》が、二口《ふたくち》女《おんな》になった話《はなし》もある。継子《ままこ》の四十九《しじゅうく》日後《にちご》に、誤《あやま》って斧《おの》で負《お》った後頭部《こうとうぶ》の傷《きず》が人面瘡《じんめんそう》のようになり、食《た》べ物《もの》を要求《ようきゅう》したり、継子《ままこ》を殺《ころ》した悪事《あくじ》を悔《く》やむ声《こえ》を発《はっ》したという。

毛倡妓《けじょうろう》

ねえねえ… 今度《こんど》は 貞子《さだこ》みたいな 人《ひと》がいる…
こっわ
あれは 毛倡妓《けじょうろう》だよ
顔《かお》が隠《かく》れるほど 髪《かみ》の毛《け》が長《なが》い 倡妓《しょうぎ》姿《すがた》をした妖怪《ようかい》
ドタ
ドタ
ドタ
やべっ 気《き》づかれた！
怖《こわ》い怖《こわ》い！ 髪《かみ》が重力無視《じゅうりょくむし》で なびいてるん ですけど～!!
ドタ
でも一説《いっせつ》では… 不気味《ぶきみ》な印象《いんしょう》とは 裏腹《うらはら》にものすごく 妖怪《ようかい》にモテる
ピタッ
え？
毛倡妓《けじょうろう》を巡《めぐ》って 男妖怪《おとこようかい》たちが 争《あらそ》う話《はなし》や… 恋物語《こいものがたり》もあり…
ドタ
ドタ
ドタ
ドタ
ねえねえ 顔見《かおみ》せて!!
美人系《びじんけい》？ 畏怖系《いふけい》？

五十七 家屋

毛《け》倡《じょう》妓《ろう》

鳥山石燕《とりやませきえん》の『今昔画図続百鬼《こんじゃくがずぞくひゃっき》』や、「黄表紙《きびょうし》」（江戸時代《えどじだい》の大人向《おとなむ》け絵入《えい》り小説《しょうせつ》）に出《で》てくる女妖怪《おんなようかい》。「毛女《けじょう》郎《ろう》」と表記《ひょうき》されることもある。解説《かいせつ》によると、ある男《おとこ》が後《うし》ろ姿《すがた》を見《み》て、知《し》り合《あ》いの女《おんな》だと思《おも》い駆《か》け寄《よ》ってみると、顔《かお》も見《み》えないほど毛《け》だらけの女《おんな》だったという。その名《な》の通《とお》り毛倡《けじょう》妓《ろう》は、顔《かお》が隠《かく》れてしまうほど髪《かみ》が長《なが》く、倡妓《しょうぎ》（遊女《ゆうじょ》）の姿《すがた》をしており、遊郭《ゆうかく》に現《あらわ》れるとされる。顔《かお》は隠《かく》れているのではなく、のっぺらぼうだという説《せつ》もある。不気味《ぶきみ》な印象《いんしょう》とは裏腹《うらはら》に、毛倡妓《けじょうろう》はとてもモテるらしい。黄表紙《きびょうし》には、毛倡妓《けじょうろう》を巡《めぐ》って男妖怪《おとこようかい》たちが争《あらそ》ったり、毛倡妓《けじょうろう》と妖怪《ようかい》が恋仲《こいなか》になる話《はなし》もある。

座敷童子《ざしきわらし》

こんな空《あ》き家《や》に小《ちい》さな子《こ》が…
座《ざ》敷《しき》童《わら》子《し》かな？
座《ざ》敷《しき》童《わら》子《し》は東《とう》北《ほく》地《ち》方《ほう》に伝《つた》わる座《ざ》敷《しき》や蔵《くら》に出《しゅつ》現《げん》する子《こ》供《ども》の妖《よう》怪《かい》
夜中《よなか》に無邪気《むじゃき》な悪戯《いたずら》をしたり人間《にんげん》の子供《こども》と遊《あそ》んだりする
よしよし
特《とく》に危《き》害《がい》はない系《けい》？
大切《たいせつ》に扱《あつか》うと家《いえ》に富《とみ》をもたらすらしい
お嬢《じょう》ちゃんうちに来《こ》ない？
よしよし
この子《こ》連《つ》れて帰《かえ》っていい？
逆《ぎゃく》に座《ざ》敷《しき》童《わら》子《し》が家《いえ》を出《で》ると家《いえ》が没《ぼつ》落《らく》するともいわれてる
本人《ほんにん》の自主性《じしゅせい》を尊重《そんちょう》しよう
スン…
？
うんうん
見《み》た目《め》は子供《こども》だけど妖怪《ようかい》だしな

五十八

家屋

座敷童子《ざしきわらし》

主《おも》に東北地方《とうほくちほう》に伝《つた》わる妖怪《ようかい》で、座敷《ざしき》や蔵《くら》に出現《しゅつげん》する。精霊《せいれい》や神《かみ》であるとの説《せつ》もあり、棲《す》み着《つ》いた家《いえ》ごとに性質《せいしつ》や姿《すがた》は異《こと》なるが、着物《きもの》を着《き》た子供《こども》の姿《すがた》で目撃《もくげき》されることが多《おお》い。性別《せいべつ》は男女両方《だんじょりょうほう》、複数《ふくすう》で家《いえ》に棲《す》み着《つ》くこともある。人間《にんげん》に危害《きがい》を加《くわ》えることはないが、夜中《よなか》に糸車《いとぐるま》を回《まわ》したり、枕返《まくらがえ》しをしたり、無邪気《むじゃき》な悪戯《いたずら》をする。また、人間《にんげん》の子供《こども》と遊《あそ》んだという話《はなし》もある。滅多《めった》に姿《すがた》を現《あらわ》すことはなく、見《み》た者《もの》には幸運《こううん》が訪《おとず》れ、大切《たいせつ》に扱《あつか》えば家《いえ》に富《とみ》をもたらすという。逆《ぎゃく》に、その姿《すがた》を見《み》たときは、座敷童子《ざしきわらし》が家《いえ》を出《で》ていくときなので、不幸《ふこう》に見舞《みま》われたり、家《いえ》が没落《ぼつらく》するともいわれている。

管狐《くだぎつね》

なんだ この筒《つつ》は？
中《なか》に小《ちい》さい 狐《きつね》がいる！ 可愛《かわい》い！
キュッ
管狐《くだぎつね》だね
憑《つ》き物《もの》の一種《いっしゅ》で 通常《つうじょう》は管使《くだつか》いと 呼《よ》ばれる術者《じゅつしゃ》に 使役《しえき》されている
管使《くだつか》いは管狐《くだぎつね》の 力《ちから》を借《か》りて 人《ひと》に害《がい》をなす 呪術《じゅじゅつ》を使《つか》うんだ
モゾッ
キュー
へ〜
可愛《かわい》い〜
管狐《くだぎつね》を使《つか》う家系《かけい》は 管憑《くだつ》きと呼《よ》ばれ 管憑《くだつ》きの女《おんな》が嫁《とつ》ぐと 管狐《くだぎつね》も一緒《いっしょ》に ついていく
可愛《かわい》いなぁ… 管使《くだつか》いに 捨《す》てられたの かな？
キュー
キュー
人間《にんげん》はすぐ ペットを 捨《す》てるよな…
管狐《くだぎつね》は大食《おおぐ》いで あっという間《ま》に 七十五《ななじゅうご》匹《ひき》にも 増《ふ》えるから…
飼育《しいく》をミスると 増《ふ》えすぎて 家《いえ》を食《く》い潰《つぶ》され ちゃうんだよ
キラーンッ
この家《いえ》が 空《あ》き家《や》なのって もしや…

五十九

家屋

管《くだ》狐《ぎつね》

管狐《くだぎつね》は憑《つ》き物《もの》の一種《いっしゅ》で、「管使《くだつか》い」と呼《よ》ばれる術者《じゅつしゃ》に使役《しえき》されていたという。大《おお》きさは三十《さんじゅっ》センチ弱《じゃく》から四十《よんじゅっ》センチほどといわれ、竹筒《たけづつ》に入《はい》ってしまうほどの大《おお》きさ。管使《くだづか》いはこれを懐《ふところ》で飼《か》ったり、竹筒《たけづつ》で持《も》ち運《はこ》びし、管狐《くだぎつね》の力《ちから》を借《か》りて、占術《せんじゅつ》で過去《かこ》や未来《みらい》を言《い》い当《あ》てたり、人《ひと》に災《わざわ》いをもたらす呪術《じゅじゅつ》を使《つか》ったという。こうした家系《かけい》は「管憑《くだつ》き」とも呼《よ》ばれ、管憑《くだつ》きの家《いえ》の女《おんな》が嫁《とつ》ぐと、管《くだ》狐《ぎつね》も一緒《いっしょ》についていく。やがてその家《いえ》は栄《さか》えるが、管狐《くだぎつね》は大食《おおぐ》いなうえ、あっという間《ま》に七十五匹《ななじゅうごひき》にも増《ふ》えるので、飼《か》うのが難《むずか》しいほど増《ふ》えてしまうと、家《いえ》は食《く》い潰《つぶ》されて衰《おとろ》えたという。

付喪神《つくもがみ》

そういえば金霊《かなだま》は付喪神《つくもがみ》の一種《いっしゅ》らしいよ
使《つか》われずに忘《わす》れられたお金《かね》が使《つか》われたくて形《かたち》をなしたとか…
付喪神《つくもがみ》って古《ふる》い物《もの》とかに魂《たましい》が宿《やど》るんじゃないっけ？
バッ
諸説《しょせつ》ありますが!!
付喪神《つくもがみ》は九十九神《つくもがみ》とも書きまして…
昔《むかし》は物《もの》や器物《きぶつ》も百年経《ひゃくねんた》つと魂《たましい》を得《え》ると考《かんが》えられ
愚《おろ》かなり人間《にんげん》は…
九十九年目《きゅうじゅうきゅうねんめ》に「煤払《すすはら》い」と称《しょう》して我々《われわれ》を捨《す》てたのです…!!
杓文字《しゃもじ》
草履《ぞうり》
提灯《ちょうちん》
しかし…!!「あと一年《いちねん》で…」と恨《うら》みの念《ねん》で魂《たましい》が宿《やど》り…
バンッ
我々《われわれ》は九十九神《つくもがみ》となったのです!!
羽釜《はがま》
五徳《ごとく》
鍋《なべ》
つまりどういうこと？
結果《けっか》オーライ!!
わいわい
魂得《たましいえ》たもの勝《が》ちですわ
セカンドライフ！
五徳《ごとく》や釜《かま》や鍋《なべ》が無駄《むだ》にかっこいいな

付喪神《つくもがみ》

昔《むかし》は、あらゆるものに霊《れい》が宿《やど》ると考《かんが》えられ、年《とし》を経《へ》て古《ふる》くなった物《もの》や器物《きぶつ》も、百年《ひゃくねん》経《た》つと魂《たましい》を得《え》て「付喪神《つくもがみ》(九十九神《つくもがみ》)」となると信《しん》じられていた。有名《ゆうめい》な『付喪神絵巻《つくもがみえまき》』では、あと一年《いちねん》で魂《たましい》を得《え》る古《ふる》い道具《どうぐ》たちが、九十九年《きゅうじゅうきゅうねん》目《め》に「煤払《すすはら》い」と称《しょう》して捨《す》てられる。道具《どうぐ》たちは「あと一《いち》年《ねん》だったのに」と恨《うら》み、結果《けっか》として魂《たましい》が宿《やど》り、九十九神《つくもがみ》となって悪《わる》さをする。九十九《つくも》と書《か》くのは、長《なが》い年《ねん》月《げつ》や多様《たよう》な種類《しゅるい》を表《あらわ》しているともいう。また、それほど古《ふる》くなくても、粗末《そまつ》に扱《あつか》われた道具《どうぐ》は化《ば》けて出《で》るとされた。付喪神《つくもがみ》には傘《かさ》や提灯《ちょうちん》、鏡《かがみ》や文具《ぶんぐ》、台所道具《だいどころどうぐ》や食器《しょっき》など、さまざまな種類《しゅるい》がある。

Jamの妖《よう》怪《かい》聖《せい》地《ち》巡《じゅん》礼《れい》

《その二《に》》

川越《かわごえ》編《へん》

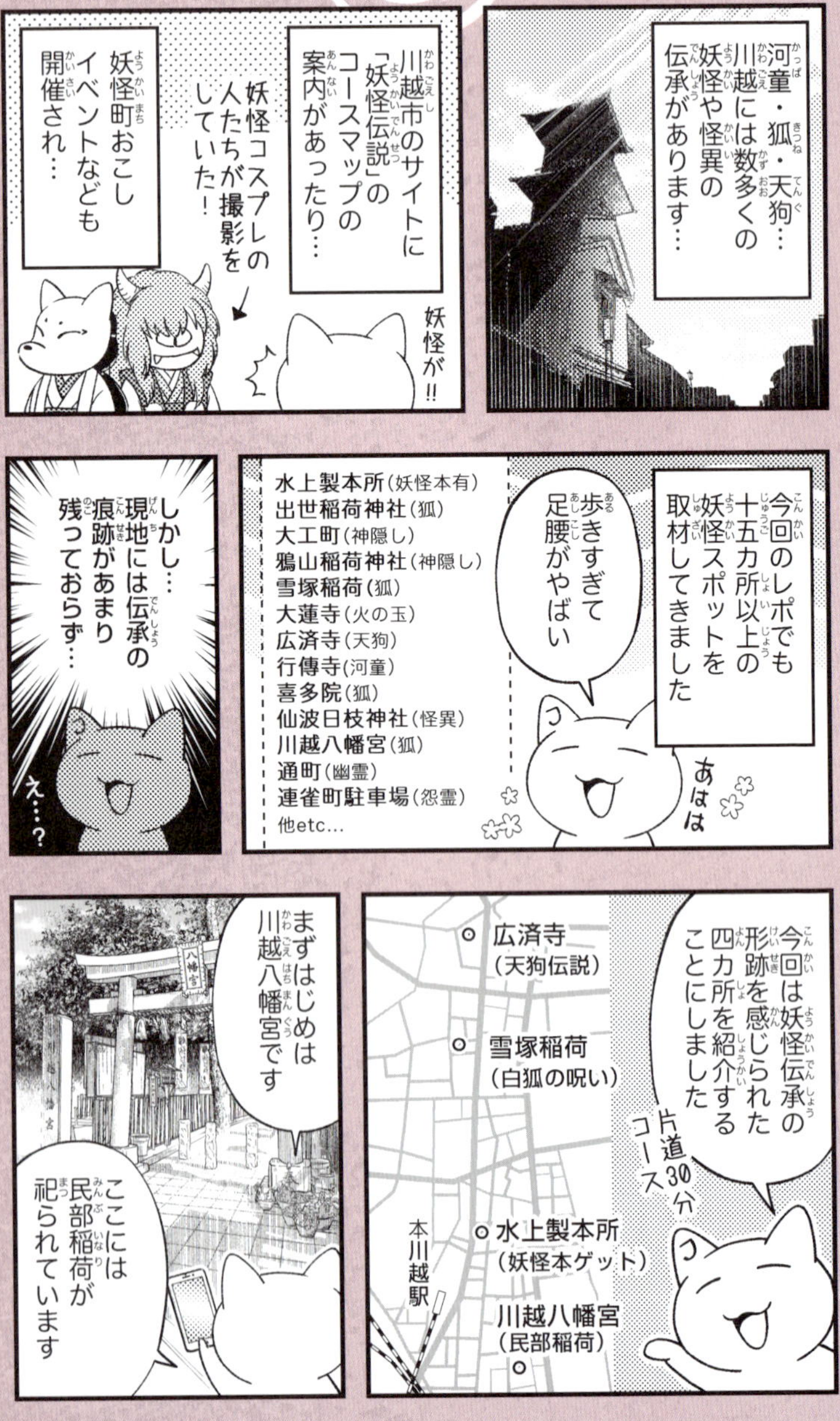
河童《かっぱ》・狐《きつね》・天狗《てんぐ》…
川越《かわごえ》には数多《かずおお》くの妖怪《ようかい》や怪異《かいい》の伝承《でんしょう》があります…
川越市《かわごえし》のサイトに「妖怪伝説《ようかいでんせつ》」のコースマップの案内《あんない》があったり…
妖怪が!!
妖怪コスプレの人たちが撮影をしていた!
妖怪町《ようかいまち》おこしイベントなども開催《かいさい》され…
今回《こんかい》のレポでも十五《じゅうご》カ所以上《しょいじょう》の妖怪《ようかい》スポットを取材《しゅざい》してきました
歩《ある》きすぎて足腰《あしこし》がやばい
あはは
水上製本所(妖怪本有)
出世稲荷神社(狐)
大工町(神隠し)
鴉山稲荷神社(神隠し)
雪塚稲荷(狐)
大蓮寺(火の玉)
広済寺(天狗)
行傳寺(河童)
喜多院(狐)
仙波日枝神社(怪異)
川越八幡宮(狐)
通町(幽霊)
連雀町駐車場(怨霊)
他etc…
しかし…現地《げんち》には伝承《でんしょう》の痕跡《こんせき》があまり残《のこ》っておらず…
え…?
今回《こんかい》は妖怪伝承《ようかいでんしょう》の形跡《けいせき》を感《かん》じられた四《よん》カ所《しょ》を紹介《しょうかい》することにしました
片道30分コース
広済寺
(天狗伝説)
雪塚稲荷
(白狐の呪い)
水上製本所
(妖怪本ゲット)
本川越駅
川越八幡宮
(民部稲荷)
まずはじめは川越八幡宮《かわごえはちまんぐう》です
八幡宮
ここには民部稲荷《みんぶいなり》が祀《まつ》られています

その昔《むかし》…八王子《はちおうじ》に
民部《みんぶ》という名《な》の
人間《にんげん》に化《ば》けた老狐《ろうこ》が
暮《く》らしておりました
寺《てら》の坊主《ぼうず》と相撲《すもう》を
とったり打《う》ち身《み》の
治療法《ちりょうほう》を教《おし》えたり
してましたが…
狐《きつね》であることが
ばれてしまい
川越《かわごえ》の梵心山《ぼんしんやま》に移《うつ》り
住《す》むことにします
もしかして
キツネ？
ハッ
もう
八王子には
いられない…
民部《みんぶ》は寺《てら》の小僧《こぞう》に
別《わか》れを告《つ》げて
お礼《れい》にたくさんの
小判《こばん》を贈《おく》りました
民部稲荷《みんぶいなり》の話《はなし》は
「まんが日本《にっぽん》
昔《むかし》ばなし」でも
紹介《しょうかい》されています
信仰すると
お金持ちに
なれるかも？
梵心山《ぼんしんやま》の民部稲荷《みんぶいなり》は
その後《あと》荒廃《こうはい》して
川越八幡宮《かわごえはちまんぐう》の
境内《けいだい》に移《うつ》され…
民部稲荷神社
足腰《あしこし》の神様《かみさま》
として
祀《まつ》られてます
腰痛平癒の
御利益!!
一方《いっぽう》で…その後《ご》
梵心山《ぼんしんやま》の方《ほう》にも
再建《さいけん》されて…
現在《げんざい》はかつて
梵心山《ぼんしんやま》のあった
丸広百貨店屋上《まるひろひゃっかてんおくじょう》に
遷座《せんざ》してます
次《つぎ》は雪塚稲荷《ゆきづかいなり》です
川越《かわごえ》の妖怪伝承《ようかいでんしょう》で
一番痕跡《いちばんこんせき》が残《のこ》って
いた場所《ばしょ》です
とても
静か…
江戸《えど》の昔《むかし》…大雪《おおゆき》の夜《よる》
迷《まよ》いこんだ白狐《びゃっこ》を
若《わか》い衆《しゅう》が追《お》いまわし
殺《ころ》したあげく
食《た》べてしまいます
ああ…
そして若《わか》い衆《しゅう》は
祟《たた》りでたちまち
熱病《ねつびょう》にかかり
町《まち》には毎夜《まいよ》
火《ひ》の玉《たま》が現《あらわ》れます

この祟《たた》りを鎮《しず》めるために白狐《びゃっこ》の皮《かわ》と骨《ほね》を塚《つか》に埋《う》めて…
ケーン…
ひぃぃぃ
神社《じんじゃ》を建《た》てて祀《まつ》ったのが雪塚稲荷神社《ゆきづかいなりじんじゃ》だそうです
雪塚稲荷《ゆきづかいなり》は長喜院《ちょうきいん》の横《よこ》の小《ちい》さな神社《じんじゃ》ですよく見《み》ないと見落《みお》とすかも…
ひりっ
最後《さいご》は広済寺《こうさいじ》です
昔《むかし》…杉《すぎ》の老木《ろうぼく》に棲《す》んでいた天狗《てんぐ》が火事《かじ》が起《お》こると羽根《はね》うちわで風向《かざむ》きを変《か》えて
川越《かわごえ》の街《まち》を火災《かさい》から守《まも》ったそうです
門《もん》にうちわが刻《きざ》まれてる⇨
他《ほか》にもここには虫歯歯痛《むしばしつう》にご利益《りやく》のあごなし地蔵《じぞう》と呼吸器《こきゅうき》の病《やまい》にご利益《りやく》のあるしゃぶきばばあの像《ぞう》があります
しゃぶきはしわぶきだよ〜
古い言葉で咳のこと
アゴがなければ歯痛もナシらしい…
墓地《ぼち》の方《ほう》には牢屋地蔵《ろうやじぞう》というお地蔵《じぞう》さまもあるそうです
?
行《い》き帰《かえ》りにある水上製本所《みずかみせいほんじょ》には川越妖怪伝説《かわごえようかいでんせつ》の漫画冊子《まんがさっし》が売《う》っています
今回紹介《こんかいしょうかい》した三《さん》カ所《しょ》も載《の》っていますよ♪
七冊ゲット
古《ふる》い街並《まちな》みに神社仏閣《じんじゃぶっかく》…美味《おい》しい名物《めいぶつ》に妖怪伝承《ようかいでんしょう》…
妖怪《ようかい》も観光《かんこう》も楽《たの》しみたい方《かた》におススメです
モグ モグ
日本一なが〜い黒糖ふ菓子
菓子屋横丁も通り道だよ〜

第《だい》五《ご》章《しょう》

―― 現《げん》代《だい》の妖《よう》怪《かい》

人面犬《じんめんけん》

偏見《へんけん》だけど現代《げんだい》の妖怪《ようかい》ってなんか俗《ぞく》っぽい感《かん》じしない？
ジェットババアとか
わかる！名前《なまえ》にターボついてたり!!
アクロバティックサラサラとか
でも…人面犬《じんめんけん》とかは現代《げんだい》の妖怪《ようかい》として有名《ゆうめい》だけど…
実《じつ》は江戸時代《えどじだい》から記録《きろく》が残《のこ》ってて当時《とうじ》は見世物《みせもの》にされてたみたい
今風《いまふう》の特徴《とくちょう》はテレビなんかで全国《ぜんこく》ブームになってからだね
驚異的《きょういてき》なジャンプ力《りょく》時速八十《じそくはちじゅっ》キロ以上《いじょう》で走《はし》る
顔《かお》は中年男性《ちゅうねんだんせい》で正体《しょうたい》は妖怪《ようかい》か遺伝子実験《いでんしじっけん》か環境汚染《かんきょうおせん》による突然変異《とつぜんへんい》か…
色々《いろいろ》設定《せってい》盛《も》り過《す》ぎだろ
ドンッ
うるせぇんだよ…
ほっといてくれ
知能《ちのう》が高《たか》くて捨《す》て台詞《ぜりふ》を吐《は》くこともあるらしいよ
勝手《かって》だろ
知能《ちのう》が高《たか》いというか…口悪《くちわる》すぎ…
うるせえ
ワイドショーでいじられすぎてグレたのかな？

六十一

現代

人《じん》面《めん》犬《けん》

人面犬《じんめんけん》は、昭和《しょうわ》の終《お》わりから平成初《へいせいしょ》期《き》にかけて大《だい》ブームとなった都市伝説《としでんせつ》の一《ひと》つ。全国《ぜんこく》に噂《うわさ》があり、特徴《とくちょう》もさまざまだが、共通点《きょうつうてん》は「体《からだ》が犬《いぬ》で顔《かお》が人間《にんげん》」であること。とても足《あし》が速《はや》く、時速八十《じそくはちじゅっ》キロ以上《いじょう》で走《はし》り、追《お》い抜《ぬ》かれた車《くるま》は事故《じこ》を起《お》こすという。また、噛《か》まれた人《ひと》も人面犬《じんめんけん》になるといわれる。知能《ちのう》が高《たか》く、ゴミ漁《あさ》りをしているときに声《こえ》をかけると、「ほっといてくれ」「うるせえんだよ」などと言《い》い返《かえ》されるエピソードがある。顔《かお》は老人《ろうじん》や中年男性《ちゅうねんだんせい》であることが多《おお》い。「人《ひと》の顔《かお》をした犬《いぬ》」の伝承《でんしょう》は江戸時代《えどじだい》にも残《のこ》っており、当時《とうじ》は人面犬《めんけん》が生《う》まれると見世物《みせもの》として売《う》られ、人気《にんき》を博《はく》したとの記録《きろく》がある。

口裂《くちさ》け女《おんな》

口裂《くちさ》け女《おんな》は当時《とうじ》世間《せけん》を震撼《しんかん》させて社会問題《しゃかいもんだい》にまで発展《はってん》した都市伝説《としでんせつ》…
実際《じっさい》に警察《けいさつ》に通報《つうほう》なんかもあったらしいよ
確《たし》か全国《ぜんこく》で目撃情報《もくげきじょうほう》があったよね？
……
口元《くちもと》を大《おお》きなマスクで隠《かく》し髪《かみ》は長《なが》くて赤《あか》い服《ふく》が多《おお》い「私《わたし》、綺麗《きれい》？」と聞《き》いてくる
綺麗《きれい》って言《い》うとマスク外《はず》すんだっけ？
トン
トン
ユラッ…
私《わたし》…綺麗《きれい》？
「これでも？」と裂《さ》けた口《くち》を見《み》せてくるね
これでも？
!!
そうそうそんな感《かん》じ
綺麗《きれい》じゃないと言《い》うと刃物《はもの》で口《くち》を切《き》られる
ポマードと三回唱《さんかいとな》えると逃《に》げるらしい
二匹《にひき》ともどうしたの？
ポマード!!
ポマード!! ポマード!!

六十二

現代 口裂《くちさ》け女《おんな》

口裂《くちさ》け女《おんな》は、当時《とうじ》世間《せけん》を震撼《しんかん》させ、社会問題《しゃかいもんだい》にまで発展《はってん》した都市伝説《としでんせつ》。最初《さいしょ》に現《あらわ》れたのは昭和五十三年《しょうわごじゅうさんねん》で、岐阜県《ぎふけん》の加茂警察署《かもけいさつしょ》に、実際《じっさい》に通報《つうほう》があった。翌年《よくねん》には近県《きんけん》を経《へ》て、あっという間《ま》に全国《ぜんこく》で目撃《もくげき》されるようになった。口元《くちもと》を大《おお》きなマスクで隠《かく》した女《おんな》が、「私《わたし》、綺麗《きれい》？」と聞《き》いた後《あと》に「これでも？」とマスクを外《はず》し、耳《みみ》まで裂《さ》けた口《くち》を見《み》せてくる。髪《かみ》は長《なが》く赤《あか》い服《ふく》を着《き》ていることが多《おお》い。当初《とうしょ》は驚《おどろ》かすだけだったが、噂《うわさ》が広《ひろ》まるにつれ、怪我《けが》をさせられたり殺《ころ》されたり、凶器《きょうき》や弱点《じゃくてん》など、逸話《いつわ》が増《ふ》えていった。昭和五十四年《しょうわごじゅうよねん》の夏《なつ》をピークに徐々《じょじょ》に静《しず》まり、その後《あと》はほとんど語《かた》られなくなった。

花子《はなこ》さん

ちょっとトイレ行《い》ってこようかな
あ…
なんかまたフラグを感《かん》じるな…
現代《げんだい》の妖怪《ようかい》でトイレと言《い》えば…花子《はなこ》さんの話《はなし》が有名《ゆうめい》だね
赤《あか》いスカートでおかっぱ頭《あたま》の女《おんな》の子《こ》だっけ？
噂《うわさ》はさまざまあるけど…三番目《さんばんめ》の花子《はなこ》さんが有名《ゆうめい》かな
校舎三階《こうしゃさんがい》の三番目《さんばんめ》の扉《とびら》を三回《さんかい》ノックすると返事《へんじ》がある
花子《はなこ》さんいますか？
コン
コン
コン
は～い
やべぇ…返事《へんじ》きた…
校舎《こうしゃ》のトイレじゃないのに…
男子《だんし》トイレや会社《かいしゃ》のトイレに出現《しゅつげん》した話《はなし》もあるらしいよ
返事《へんじ》や姿《すがた》を見《み》せるほかに一緒《いっしょ》に遊《あそ》んだ話《はなし》とかがある
ほう…
ねこちゃんあそぼう…
ギイ…
あとはトイレに引《ひ》きずり込《こ》まれて殺《ころ》された話《はなし》もあるね
一《いち》・二《に》の三《さん》で逃《に》げるぞ!!

六十三

現代

花《は》子《な》さん《こ》

学校《がっこう》のトイレを舞台《ぶたい》とする怪談《かいだん》の一《ひと》つ。今《いま》のような水洗《すいせん》トイレになる前《まえ》の、汲《く》み取《と》り式《しき》の頃《ころ》から出現《しゅつげん》していたとされる。花子《はなこ》さんは赤《あか》いスカートのおかっぱ頭《あたま》の女《おんな》の子《こ》で、状況《じょうきょう》は地方《ちほう》によってさまざまだが、有名《ゆうめい》な話《はなし》では、校舎《こうしゃ》の三階《さんがい》のトイレの三番《さんばん》目《め》の扉《とびら》を三回《さんかい》ノックして、「花子《はなこ》さんいますか」と聞《き》くと、「はい」と返事《へんじ》がある。「三番目《さんばんめ》の花子《はなこ》さん」とも呼《よ》ばれ、子供《こども》たちに恐《おそ》れられていた。返事《へんじ》があったり姿《すがた》を目撃《もくげき》するだけでなく、目《め》をひっかかれたり、トイレに引《ひ》きずり込《こ》まれて殺《ころ》されてしまうこともある。女子《じょし》トイレだけでなく、男子《だんし》トイレや会社《かいしゃ》のトイレに出現《しゅつげん》した話《はなし》もある。

八尺様《はっしゃくさま》

最近《さいきん》はネット発祥《はっしょう》の怪異《かいい》もいるそうだね
あー…なんだっけ八朔様《はっさくさま》！
それ果物《くだもの》w八尺様《はっしゃくさま》な
匿名掲示板《とくめいけいじばん》2ちゃんねるのオカルト板《いた》が発祥《はっしょう》の怪異《かいい》だよ
語《かた》り手《て》が高校生《こうこうせい》の頃《ころ》に祖父母《そふぼ》の村《むら》に封印《ふういん》されていた怪異《かいい》に魅入《みい》られる
それが八尺様《はっしゃくさま》で身長《しんちょう》は八尺《はっしゃく》もあり白《しろ》いワンピースに帽子姿《ぼうしすがた》だったとか…
服装《ふくそう》だけなら清楚系女子《せいそけいじょし》なのにな
「ぽぽぽ」と男《おとこ》のような奇妙《きみょう》な声《こえ》で笑《わら》うらしいよ
ぽぽぽ…
相手《あいて》を誘《さそ》い出《だ》すために身内《みうち》の声《こえ》を真似《まね》るらしいな
お〜い
キョロ
今《いま》、師匠《ししょう》の声《こえ》した？
魅入《みい》られると数日《すうじつ》の間《あいだ》に取《と》り殺《ころ》されてしまうらしい
ぽぽぽぽ
絶対《ぜったい》に会《あ》いたくないタイプだな
ぽぽ…
キョロ
何《なに》かめっちゃ低《ひく》い鳴《な》き声《ごえ》の鳩《はと》いない？
ぽ…

六十四

現代

八尺様《はっしゃくさま》

八尺様《はっしゃくさま》は、二〇〇八年八月二十六日《にせんはちねんはちがつにじゅうろくにち》、匿名掲示板《とくめいけいじばん》「2ちゃんねる」のオカルト板《いた》に投稿《とうこう》された怪談《かいだん》。語《かた》り手《て》が高校生《こうこうせい》の頃《ころ》、祖父母《そふぼ》の村《むら》に封印《ふういん》されていた「八尺様《はっしゃくさま》」という化《ば》け物《もの》に魅入《みい》られてしまう。八尺様《はっしゃくさま》は八尺《はっしゃく》（約二《やくに》メートル四十《よんじゅっ》センチ）の背丈《せたけ》があり、「ぽぽぽ」と男《おとこ》のような奇妙《きみょう》な声《こえ》で笑《わら》う。また、相手《あいて》を誘《さそ》い出《だ》すために身内《みうち》の声《こえ》を真似《まね》たり、気《き》に入《い》られた者《もの》は数日《すうじつ》で取《と》り殺《ころ》されてしまう。話《はなし》の中《なか》では白《しろ》いワンピースに帽子《ぼうし》姿《すがた》だが、見《み》る人《ひと》により容姿《ようし》や服装《ふくそう》は異《こと》なるという。成人前《せいじんまえ》の若者《わかもの》や、特《とく》に子供《こども》が狙《ねら》われやすい。現在《げんざい》は何者《なにもの》かに封印《ふういん》が解《と》かれ、八尺様《はっしゃくさま》はどこにでも出没《しゅつぼつ》できる状態《じょうたい》だという。

ケセランパサラン

あ…！ケセランパサラン！
見《み》つけると幸《しあわ》せになる妖怪《ようかい》だっけ？
ケセランパサランは江戸《えど》時代《じだい》から民間《みんかん》伝承《でんしょう》や伝説《でんせつ》が残《のこ》る妖怪《ようかい》なんだよ
白《しろ》い毛玉《けだま》のようで滅多《めった》に見《み》ることができず空中《くうちゅう》をフワフワと舞《ま》う…
幸福《こうふく》をもたらす存在《そんざい》としてこれを代々《だいだい》受《う》け継《つ》ぐ家《いえ》もあるんだ
え？ 捕《つか》まえちゃうの？
空気穴《くうきあな》を開《あ》けた桐《きり》の箱《はこ》に白粉《おしろい》を与《あた》えて育《そだ》てるらしいよ
他人《たにん》に所有《しょゆう》していることを話《はな》すと幸《しあわ》せが逃《に》げてしまうとか…
……
……
自分《じぶん》が幸《しあわ》せになるために誰《だれ》かを箱《はこ》の中《なか》に閉《と》じ込《こ》めて…
それでいいことがあったとして…素直《すなお》に幸《しあわ》せを喜《よろこ》べるのかな？
人間《にんげん》の幸《しあわ》せって怖《こわ》いね…

六十五

現代 ケセランパサラン

江戸時代《えどじだい》から民間伝承《みんかんでんしょう》や伝説《でんせつ》が伝《つた》わる、白《しろ》い毛玉《けだま》のような妖怪《ようかい》。なかなか見《み》ることができず、空中《くうちゅう》をフワフワと舞《ま》い、見《み》つけた者《もの》は幸《しあわ》せになるといわれている。全国各地《ぜんこくかくち》で目撃《もくげき》され、東北地方《とうほくちほう》では、「嵐《あらし》の前《まえ》に雷《かみなり》と共《とも》に降《ふ》ってくる」との伝承《でんしょう》がある。季節《きせつ》は夏《なつ》から秋《あき》、自然豊《しぜんゆた》かな場所《ばしょ》やビワの木《き》の近《ちか》くで見《み》つけやすいとされる。幸福《こうふく》をもたらす存在《そんざい》として、ケセランパサランを代々受《だいだいう》け継《つ》ぐ家《いえ》もあり、空気穴《くうきあな》を開《あ》けた桐《きり》の箱《はこ》で、白粉《おしろい》を与《あた》えて育《そだ》てると、大《おお》きくなったり増《ふ》えたりするらしい。一年《いちねん》に二《に》度以上見《どいじょうみ》たり、他人《たにん》にケセランパサランを所有《しょゆう》していることを話《はな》すと、幸《しあわ》せが逃《に》げてしまうという。

Jamの妖怪聖地巡礼《ようかいせいちじゅんれい》

哲学堂《てつがくどう》《その三《さん》》公園《こうえん》編《へん》

哲学堂公園《てつがくどうこうえん》とは…
哲学者《てつがくしゃ》であり
東洋大学《とうようだいがく》の創立者《そうりつしゃ》の
井上円了博士《いのうええんりょうはかせ》が…
ひゅ～
中野～
精神修養《せいしんしゅうよう》の場《ば》として
創設《そうせつ》した
全国《ぜんこく》に類《るい》を見《み》ない
個性的《こせいてき》な公園《こうえん》である
心霊《しんれい》スポットで
有名《ゆうめい》な所《ところ》だから
怖《こわ》いので友達《ともだち》も
誘《さそ》いました
友達《ともだち》のワンコが
散歩中《さんぽちゅう》ココで
吠《ほ》えるらしいよ
怖いのイヤ
なぜ妖怪本《ようかいぼん》の
取材《しゅざい》で哲学堂《てつがくどう》に
来《き》たかと
いいますと…
井上円了
うまれ
1858/3/18
死去
1919/6/6
井上円了《いのうええんりょう》さんが
「妖怪博士《ようかいはかせ》」と
呼《よ》ばれていた人《ひと》
だからです
「妖怪学講義」「妖怪学」
「おばけの正体」などを執筆
四百余種の妖怪の話を収録
各地《かくち》に残《のこ》る迷信《めいしん》や
俗信《ぞくしん》や超常現象《ちょうじょうげんしょう》を
調査《ちょうさ》して
資料《しりょう》を収集《しゅうしゅう》し…
妖怪《ようかい》の正体《しょうたい》を暴《あば》き
存在《そんざい》を否定《ひてい》する
ための研究活動《けんきゅうかつどう》を
していたそうです
妖怪学とか
一冊七百頁で
三冊もある
逆《ぎゃく》に布教《ふきょう》
してない？
実は妖怪
大好き？
ちなみに近《ちか》くの
蓮華寺《れんげじ》には
井上円了《いのうええんりょう》さんの
お墓《はか》もあります
センス
いいよね
井の上に
円が…!!

園内《えんない》は七十七場《ななじゅうななば》に
分《わ》かれており
哲学世界《てつがくせかい》を視覚的《しかくてき》に
表現《ひょうげん》したさまざまな
施設《しせつ》があります
～七十七場名所案内～
1哲学関
2真理界
3鑽仰軒
4哲理門
5一元牆
6常識門
7髑髏庵
8復活廊
9鬼神窟
10接神室
11霊明閣
12百科叢
13時空岡
14四聖堂
15唱念塔
16六賢台
17天狗松
18筆塚
19懐疑巷
20経験坂
21感覚巒
22万有林
23三字壇
24三祖碑
25唯物園
26物字壇
27客観廬
28進化溝
29理化潭
30博物隄
31数理江
32観象梁
33神秘洞
34狸燈
35後天沼
36原子橋
37自然井
38造化澗
39二元衢
40学界津
41独断峡
42唯心庭
43心字池
44倫理淵
45理性島
46心理崖
47鬼燈
48概念橋
49先天泉
50主観亭
51認識路
52直覚径
53論理域
54演繹観
55帰納場
56意識駅
57絶対城
58聖哲碑
59観念脚
60観察境
61紀念碑
62相対渓
63理想橋
64理外門
65幽霊梅
66宇宙館
67皇国殿
68三學亭
69硯塚
70無尽蔵
71万象庫
72向上楼
73望遠橋
74星界洲
75半月台
※76.77は記録不明
入口
正面入口
園内《えんない》に入《はい》ると
哲理門《てつりもん》(妖怪門《ようかいもん》)
があり…
門《もん》の両側《りょうがわ》には
幽霊像《ゆうれいぞう》と天狗像《てんぐぞう》の
レプリカが設置《せっち》
されてますが…
ココ
ココ
パシャ
本物《ほんもの》は年《ねん》に一度《いちど》
中野区立歴史民俗《なかのくりつれきしみんぞく》
資料館《しりょうかん》で公開《こうかい》!!
見《み》てきました!
パシャ
本物の迫力…!!
ちなみに幽霊像《ゆうれいぞう》と
天狗像《てんぐぞう》は敷地内《しきちない》に
天狗松《てんぐまつ》と幽霊梅《ゆうれいうめ》が
あるから置《お》いたん
だってさ
ネットで調べた
幽霊梅《ゆうれいうめ》ってガチで
幽霊《ゆうれい》がでる噂《うわさ》の
梅《うめ》の木持《きも》ってきて
植《う》えたんでしょ?
幽霊梅《ゆうれいうめ》では写真《しゃしん》に
心霊現象《しんれいげんしょう》が写《うつ》るとか
悲《かな》しげな女《おんな》の泣《な》く
声《こえ》が聞《き》こえるとの
噂《うわさ》があります
はは…
怪異《かいい》を否定《ひてい》する
目的《もくてき》のはずが
心霊《しんれい》スポットに
なってるや～ん
パーンッ

えー…哲学堂《てつがくどう》には聖徳太子《しょうとくたいし》・荘子《そうし》・朱子《しゅし》・菅原道真《すがわらのみちざね》・龍樹《りゅうじゅ》・孔子《こうし》・迦毘羅仙《かびらせん》・釈迦《しゃか》・ソクラテス・カントなどの哲学者《てつがくしゃ》が祀《まつ》られ…
絶対城
六賢台
四聖堂
何《なん》でもアリすぎるw
三學亭
宇宙館
宇宙館《うちゅうかん》・髑髏庵《どくろあん》・絶対城《ぜったいじょう》無尽蔵《むじんぞう》・常識門《じょうしきもん》など各所《かくしょ》の名前《なまえ》はとても哲学的《てつがくてき》です
二百五十枚《にひゃくごじゅうまい》も写真《しゃしん》を撮《と》ったけど三《さん》ページでは書《か》ききれないので…是非直接訪《ぜひちょくせつおとず》れて見《み》て欲《ほ》しいです
ふ〜…落ち着く
心霊《しんれい》スポットなんていうけどのどかで散歩《さんぽ》にもいい公園《こうえん》ですし
うん♪ 子供《こども》の遊《あそ》ぶ声《こえ》とか女《おんな》の人《ひと》もどこかで歌《うた》ってたよね〜
写真後で送るね〜
それ聞《き》こえてないんだけど…
え?
静《しず》かな公園《こうえん》だなと…
東京都中野区《とうきょうとなかのく》哲学堂公園《てつがくどうこうえん》…妖怪怪異好《ようかいかいいず》きにおススメです

第《だい》六《ろく》章《しょう》
——その他《ほか》の妖《よう》怪《かい》

幽霊《ゆうれい》と人魂《ひとだま》

あ！人魂《ひとだま》だ!!
フヨ〜〜〜ン
人魂《ひとだま》は死人《しにん》の体《からだ》から離《はな》れた魂《たましい》
人《ひと》が亡《な》くなったり亡《な》くなる数日前《すうじつまえ》にこの世《よ》への未練《みれん》で彷徨《さまよ》い出《で》てくる
人魂《ひとだま》は幽霊《ゆうれい》なの？
幽霊《ゆうれい》は死者《ししゃ》が成仏《じょうぶつ》できずにこの世《よ》に姿《すがた》を現《あらわ》す現象《げんしょう》
今《いま》では怨恨《えんこん》や復讐《ふくしゅう》や執着《しゅうちゃく》で現《あらわ》れる説《せつ》が多《おお》いかなぁ…
まて〜
難《むずか》しくてイマイチよくわからん…
まず見《み》た目《め》が違《ちが》う人魂《ひとだま》が光《ひかり》の玉《たま》が尾《お》を引《ひ》いたような姿《すがた》なのに対《たい》して…
出番《でばん》がほしい…
ぽふんっ
幽霊《ゆうれい》は人型《ひとがた》で生前《せいぜん》の姿《すがた》や納棺時《のうかんじ》の死装束《しにしょうぞく》姿《すがた》が多《おお》い
幽霊《ゆうれい》だ!!
そして幽霊《ゆうれい》は執着《しゅうちゃく》がなくなり安心《あんしん》できれば成仏《じょうぶつ》するよ
パァァ…
消《き》えた！何《なん》で突然《とつぜん》成仏《じょうぶつ》したんだ？
出番《でばん》があったからじゃね？

六十六

その他

幽霊《ゆうれい》と人魂《ひとだま》

幽霊《ゆうれい》は、「死者《ししゃ》が成仏《じょうぶつ》できずにこの世《よ》に姿《すがた》を現《あらわ》す現象《げんしょう》」とされ、古《ふる》くは生前《せいぜん》の姿《すがた》で現《あらわ》れていたが、『画図百《がずひゃっ》鬼夜行《きやこう》』にあるように、江戸時代頃《えどじだいごろ》から白《しろ》い三角《さんかく》の布《ぬの》や紙《かみ》（額烏帽子《ひたいえぼし》）に白装束《しろしょうぞく》という、納棺時《のうかんじ》の姿《すがた》になった。次第《しだい》に怨恨《えんこん》や復讐《ふくしゅう》、執着《しゅうちゃく》から現《あらわ》れると考《かんが》えられるようになり、船幽《ふなゆう》霊《れい》などもその類《たぐい》だといえる。墓地《ぼち》や川辺《かわべ》の柳《やなぎ》の下《した》に現《あらわ》れることが多《おお》く、時刻《じこく》は丑三《うしみ》つ時《どき》（午前二時頃《ごぜんにじごろ》）が多《おお》い。人魂《ひとだま》は主《おも》に夜《よる》に空中《くうちゅう》を浮遊《ふゆう》する光《ひかり》の玉《たま》で、「死人《しにん》の体《からだ》から離《はな》れた魂《たましい》」であることから、この名《な》がついたという。この世《よ》への未練《みれん》から彷徨《さまよ》い出《で》ると考《かんが》えられ、色《いろ》は青白《あおじろ》・橙《だいだい》・赤《あか》などで、尾《お》の長《なが》さには長短《ちょうたん》がある。

生霊《いきりょう》と死霊《しりょう》

六十七

その他

生霊《いきりょう》と死霊《しりょう》

「生霊《いきりょう》」は生《い》きている人間《にんげん》の魂《たましい》が体《からだ》の外《そと》に出《で》て、自由《じゆう》に動《うご》き回《まわ》るものとされ、対義語《たいぎご》として「死霊《しりょう》」がある。生霊《いきりょう》は人《ひと》を祟《たた》る怨霊《おんりょう》であることが多《おお》く、『源氏物語《げんじものがたり》』の六条御息所《ろくじょうのみやすどころ》が、強《つよ》い嫉妬《しっと》から葵《あおい》の上《うえ》に取《と》り憑《つ》いて殺《ころ》した話《はなし》は有名《ゆうめい》だ。恨《うら》み以外《いがい》で他《た》者《しゃ》の前《まえ》に現《あらわ》れる話《はなし》もあり、死《し》に際《ぎわ》に生霊《いきりょう》となって親《した》しい者《もの》に会《あ》いに行《い》った事例《じれい》もある。死霊《しりょう》は人《ひと》に取《と》り憑《つ》いて祟《たた》る怨霊《おんりょう》とされ、自分《じぶん》を殺《ころ》した者《もの》に復讐《ふくしゅう》したり、死《し》んだ場所《ばしょ》を彷徨《さまよ》ったり、親《した》しい者《もの》を一緒《いっしょ》にあの世《よ》へ連《つ》れて行《い》こうとする。しかし、死後《しご》に挨拶《あいさつ》に現《あらわ》れただけの話《はなし》もあり、生《い》きている人間《にんげん》と同《おな》じで、死霊《しりょう》も人《ひと》により振《ふ》る舞《ま》いはさまざまのようだ。

妖《よう》怪《かい》を語《かた》り描《えが》いた偉《い》人《じん》・有《ゆう》名《めい》人《じん》

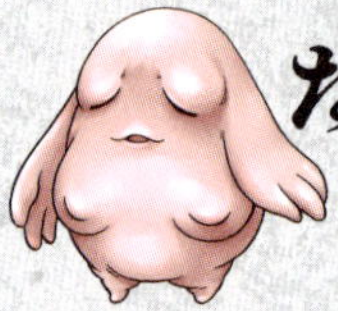

『雨月物語《うげつものがたり》』の上田秋成《うえだあきなり》、『南総里見八犬伝《なんそうさとみはっけんでん》』の滝沢馬琴《たきざわばきん》、小泉八雲《こいずみやくも》の雪女《ゆきおんな》に水木《みずき》しげるのゲゲゲの鬼太郎《きたろう》。妖怪《ようかい》を愛《あい》し妖怪《ようかい》を語《かた》り描《えが》いた偉《い》人《じん》・有名人《ゆうめいじん》はたくさんいるが、ここでは、その一部《いちぶ》を紹介《しょうかい》したいと思《おも》う。

鳥《とり》山《やま》石《せき》燕《えん》

鳥山石燕《とりやませきえん》は江戸《えど》時代《じだい》の画家《がか》、浮世絵師《うきよえし》で、代《だい》表作《ひょうさく》は『画図百鬼夜行《がずひゃっきやこう》』『今昔画図続百鬼《こんじゃくがずぞくひゃっき》』『今昔《こんじゃく》百鬼拾遺《ひゃっきしゅうい》』『百器徒然袋《ひゃっきつれづれぶくろ》』の全四部十二冊《ぜんよんぶじゅうにさつ》。本来《ほんらい》「見《み》えないもの」であった妖怪《ようかい》は、石燕《せきえん》によって明確《めいかく》に名前《なまえ》と形《かたち》を与《あた》えられた。同書《どうしょ》には、有名《ゆうめい》な伝承《でんしょう》や文献《ぶんけん》、当時《とうじ》の流行《りゅうこう》に見《み》られる妖怪《ようかい》から、石燕《せきえん》が創作《そうさく》したと思《おも》われる妖怪《ようかい》まで、数多《かずおお》くの妖怪《ようかい》が解説《かいせつ》と共《とも》に描《えが》かれており、後世《こうせい》の妖《よう》怪文化《かいぶんか》に大《おお》きな影響《えいきょう》を与《あた》えた。水木《みずき》しげるの描《えが》く妖怪《ようかい》も石燕《せきえん》の画集《がしゅう》を元《もと》にしたものが多《おお》く、日《に》本人《ほんじん》の持《も》つ妖怪《ようかい》のイメージのルーツは、鳥山石《とりやませき》燕《えん》だと言《い》っても過言《かごん》ではない。

小《こ》泉《いずみ》八《や》雲《くも》

出生名《しゅっしょうめい》はパトリック・ラフカディオ・ハーン。ギリシャ人《じん》の母《はは》とアイルランド人《じん》の父《ちち》の元《もと》に生《う》まれ、両親《りょうしん》の離婚《りこん》により幼少期《ようしょうき》を厳格《げんかく》な大《お》叔母《おば》の元《もと》で過《す》ごす。探訪記者《たんぼうきしゃ》として各国《かっこく》を放浪《ほうろう》した後《あと》に、日本《にほん》で小泉《こいずみ》セツと結婚《けっこん》し、帰化《きか》して「小泉八雲《こいずみやくも》」と名乗《なの》る。代表作《だいひょうさく》は『怪談《かいだん》』。子供《こども》向《む》けにアレンジされた児童書《じどうしょ》や絵本《えほん》も多《おお》く、「雪女《ゆきおんな》」「ろくろ首《くび》」など、日本《にほん》の妖怪譚《ようかいたん》の多《おお》くは八雲《やくも》によって執筆《しっぴつ》された。八雲《やくも》は幼少期《ようしょうき》から霊《れい》や妖精《ようせい》などを目撃《もくげき》する体験《たいけん》をしており、『怪談《かいだん》』の「貉《むじな》」の話《はなし》に登場《とうじょう》する「のっぺらぼう」は、八雲《やくも》が七歳《ななさい》のとき、従妹《じゅうまい》のジェーンとよく似《に》たのっぺらぼうに出会《であ》ったという、実体験《じったいけん》が元《もと》になっているという。

柳田國男《やなぎたくにお》

柳田國男《やなぎたくにお》は日本《にほん》の民俗学者《みんぞくがくしゃ》・官僚《かんりょう》で、代表作《だいひょうさく》の『遠野物語《とおのものがたり》』は、柳田《やなぎた》が佐々木喜善《ささききぜん》により語《かた》られた、岩手県遠野地方《いわてけんとおのちほう》に伝《つた》わる民話《みんわ》や伝承《でんしょう》などの怪異譚《かいいたん》を記《しる》した説話集《せつわしゅう》で、天狗《てんぐ》、河童《かっぱ》、座《ざ》敷童子《しきわらし》などの妖怪《ようかい》に纏《まつ》わるものから、マヨヒガや神隠《かみかく》し、神《かみ》とそれを祀《まつ》る行事《ぎょうじ》や風習《ふうしゅう》など、内《ない》容《よう》は多岐《たき》にわたる。柳田自身《やなぎたじしん》が幼《おさな》い頃《ころ》に幾度《いくど》か神隠《かみかく》しに遭《あ》っており、自《みずか》らを神隠《かみかく》しに遭《あ》いやすい気質《きしつ》だと語《かた》っている。漫画家《まんがか》の水木《みずき》しげるにも影響《えいきょう》を与《あた》えており、水木《みずき》は『遠野物語《とおのものがたり》』をコミック化《か》したり、ヌリカベ、イッタンモメン、コナキヂヂ、スナカケババなど、『妖怪談義《ようかいだんぎ》』に出《で》てくる妖怪《ようかい》たちを、数多《かずおお》く描《えが》いている。

ただいま～
ハ～…
疲《つか》れた～
おか～
おかえり～妖怪《ようかい》には出会《であ》えた？
いたいた
ゴソゴソ
いっぱいいた～
いっぱいかよｗ
大雑把《おおざっぱ》すぎだろｗ
小学生《しょうがくせい》の報告《ほうこく》かｗ
正確《せいかく》には七十二《ななじゅうに》体《たい》里《さと》・二十五《にじゅうご》、山《やま》・十二《じゅうに》水辺《みずべ》・八《はち》、家屋《かおく》・十八《じゅうはち》現代《げんだい》・五《ご》、他《ほか》・四《よん》
カキカキ…
付喪神《つくもがみ》は多《おお》すぎるから複数《ふくすう》一《いち》カウント
こいつ本当《ほんとう》にしっかりしてるよね
妖怪探索《ようかいたんさく》してなんか得《え》たものとかあった？
得《え》たものねぇ…
気持《きも》ち的《てき》に？それとも物理的《ぶつりてき》に？
金霊《かなだま》が小判《こばん》をくれていたらなぁ…

感想《かんそう》だけど…
久々にパソコンで資料をまとめるか
電書サイト見せて～
人間《にんげん》がいる場所《ばしょ》や時間《じかん》では今回《こんかい》はほぼ出会《であ》えなかった
妖怪《ようかい》が人間《にんげん》を避《さ》けていたってこと？
人気《ひとけ》のある所《ところ》にいたのは現代《げんだい》の妖怪《ようかい》くらいかなぁ…
新刊出てる～
わからなくはないな
俺《おれ》らも人間《にんげん》の前《まえ》では普通《ふつう》の猫《ねこ》のフリするよね
今《いま》の人間《にんげん》はそういうのすぐスマホで撮影《さつえい》してSNSで晒《さら》すしな
あと面白《おもしろ》いのは…
妖怪《ようかい》はいない信《しん》じないって人間《にんげん》が増《ふ》えたはずなのに…
人間《にんげん》の想像《そうぞう》から生《う》まれた妖怪《ようかい》は今《いま》も増《ふ》え続《つづ》けているんだよね
あいつら妖怪《ようかい》の実在《じつざい》は否定《ひてい》するけど妖怪大好《ようかいだいす》きだよな
現象《げんしょう》や伝承《でんしょう》に姿《すがた》を与《あた》えて妖怪《ようかい》という形《かたち》に表《あらわ》したのは…
妖怪《ようかい》にいて欲《ほ》しいと願《ねが》う人《ひと》の想像力《そうぞうりょく》でもあるからねぇ
師匠《ししょう》の絵《え》ってほぼ残《のこ》ってないよね？
しっ

まぁいろいろあったけど…
ホッ…
妖怪《ようかい》探索《たんさく》が無事《ぶじ》に終《お》わってよかったよ
うんうん
終《お》わりよければすべてよし
カチ
カチ
ちなみに…今回《こんかい》は有名《ゆうめい》な妖怪《ようかい》を探《さが》してもらったけど…
ドンッ
妖怪《ようかい》って全部《ぜんぶ》で何種《なんしゅ》いるの?
それ今《いま》聞《き》く?
うわ~
え~
わ~
ないわ~
鳥山石燕《とりやませきえん》が描《えが》いたのが二百《にひゃく》だっけ?
ヒソ…
?
じゃあ三百《さんびゃく》くらいかな?
いや…
水木《みずき》しげるの『日本妖怪大事典《にほんようかいだいじてん》』だけで…
千五百九十二項目《せんごひゃくきゅうじゅうにこうもく》
まじかよ

よし、君達《きみたち》！残《のこ》りの妖怪《ようかい》も探《さが》しに行《い》くのだ!!
Let's Go!!
ふざけんな
まぁ…今《いま》すぐは嫌《いや》だけど…
ボソッ…
いつかまた…気《き》が向《む》いたら考《かんが》えてもいいよ
デレた
ヒソ
ツンデレだね～
ヒソ
妖怪探《ようかいさが》し楽《たの》しかったもんね！
そうだね…猫又人生《ねこまたじんせい》はこれからも長《なが》いし…
そのときはまた三匹《さんびき》で行《い》きたいな！
ああ…そうだな
うん…そうしよう
人間《にんげん》が妖怪《ようかい》を愛《あい》し妖怪《ようかい》を想像《そうぞう》し続《つづ》ける限《かぎ》り…
カッ…
我々《われわれ》は永遠《えいえん》に生《い》き続《つづ》け増《ふ》え続《つづ》けていくのだった…
なんかいい感《かん》じにまとめられた

おわりに

この度《たび》は本書《ほんしょ》をお手《て》に取《と》って頂《いただ》きありがとうございました。当初《とうしょ》は制作期間《せいさくきかん》半年《はんとし》で予定《よてい》していた妖怪本《ようかいぼん》でしたが、大幅《おおはば》に超《こ》えて、完成《かんせい》に一年近《いちねんちか》くかかってしまいました。しかし悔《く》いはなく、妖怪《ようかい》について考《かんが》え妖怪《ようかい》を描《えが》く、とても充実《じゅうじつ》した一年《いちねん》でした。

「おわりに」では、「はじめに」で書《か》いた、第二次都市伝説《だいにじとしでんせつ》ブームの頃《ころ》の怖《こわ》い出来事《できごと》を書《か》こうと思《おも》います。「トワイライトシンドローム」というゲームをご存《ぞん》じでしょうか？　オカルト好《ず》きの間《あいだ》では結構有名《けっこうゆうめい》なホラーゲームです。そのゲームを家《いえ》で一人《ひとり》で遊《あそ》んでいたときのことです。「トイレの花子《はなこ》さん」が登場《とうじょう》するシーンで、あまりに怖《こわ》くて、トイレに行《い》きたくなったのです。人間《にんげん》ってどうしてこういうフラグを立《た》てるようなことをしてしまうのか……（苦笑）。そしてトイレに行《い》くと、一人《ひとり》暮《ぐ》らしの家《いえ》なのにトイレの鍵《かぎ》がかかっていて扉《とびら》が開《ひら》かないのです。勿論《もちろん》、ゲームのように「花子《はなこ》さ〜ん？」なんて冗談《じょうだん》でも言《い》えません。血《ち》の気《け》が引《ひ》いて嫌《いや》な汗《あせ》をかいて、半泣《はんな》きの状態《じょうたい》で仲間《なかま》に電話《でんわ》して家《いえ》に来《き》てもらいました。その件《けん》があって、子《こ》

供《ども》の頃《ころ》に置《お》いてきた「闇《やみ》」の中《なか》の妖怪《ようかい》たちを恐《おそ》れる気持《きも》ちを思《おも》い出《だ》しました。妖怪《ようかい》がいるって、私《わたし》の中《なか》ではこういうことなのです。よくわからないことが起《お》こったとき、妖怪《ようかい》の存在《そんざい》が頭《あたま》を過《よぎ》ったら、その瞬間《しゅんかん》に、妖怪《ようかい》は見《み》えなくてもそこにいるんです。冷静《れいせい》に、「トイレの鍵《かぎ》が半分《はんぶん》下《お》りた状態《じょうたい》で扉《とびら》を閉《し》めて鍵《かぎ》がかかったのかも？」と、後《あと》に推測《すいそく》しましたが、あのタイミングでは、咄嗟《とっさ》に感《かん》じた焦《あせ》りや恐《おそ》れに理性《りせい》が勝《か》つことはできませんでした。だからあの日《ひ》あのとき、花子《はなこ》さんは我《わ》が家《や》にいたのだと思《おも》います。ちなみに、当時《とうじ》住《す》んでいたマンションは、某雑誌《ぼうざっし》でオカルトスポット扱《あつか》いされていたそうです。引《ひ》っ越《こ》してよかったです（笑）。

妖怪《ようかい》は今《いま》も新《あら》たに増《ふ》え続《つづ》けています。友達《ともだち》の友達《ともだち》から聞《き》いたような話《はなし》に尾《お》ひれが付《つ》き、絵師《えし》や漫画家《まんがか》が姿《すがた》を与《あた》えて創作《そうさく》することで、妖怪《ようかい》は増《ふ》え続《つづ》けています。きっと日本人《にほんじん》は妖怪《ようかい》が好《す》きなのだと思《おも》います。何《なに》かあれば「妖怪《ようかい》のせいに違《ちが》いない」と考《かんが》え、姿《すがた》を与《あた》え、昔《むかし》からそんな感《かん》じで増《ふ》えていったのでしょう。これから生《う》まれてくるたくさんの妖怪《ようかい》たちに祝福《しゅくふく》あれ！

逢《あ》うべくして出逢《であ》う人《ひと》がいるように、この本《ほん》があなたにとって逢《あ》うべくして出《で》逢《あ》った一冊《いっさつ》となれますように。

Jam（じゃむ）

漫画家・イラストレーター・ゲームグラフィックデザイナー。人間関係の悩みを描いたマンガ「パフェねこシリーズ」がTwitter（現・X）で累計50万以上リツイートされ話題となる。著書にベストセラー『多分そいつ、今ごろパフェとか食ってるよ。』（サンクチュアリ出版）ほか、『にゃんしゃりで心のお片づけ。』（PHP研究所）、『マンガ版 ちょっとだけ・こっそり・素早く「言い返す」技術』（マンガ担当／三笠書房）ほかシリーズ3作品、『言いにくいことはっきり言うにゃん』（笠間書院）、『まねきねこのうた』（秋田書店）、『続　多分そいつ、今ごろパフェとか食ってるよ。』（サンクチュアリ出版）、『まんがでわかる 感情の整理ができる人は、うまくいく』（マンガ担当／ PHP研究所）ほかシリーズ2作品、『言いにくいことはっきり言うにゃん 仕事の悩み解決編』（笠間書院）、『いつも心に猫ちゃんを 人生のモヤモヤがすっきり晴れる62の習慣』（PHP研究所）、『がんばらにゃい生きかた』、『仏にゃんのふわもこやさしい仏教の教え』（以上、笠間書院）がある。

Jamの百鬼《ひゃっき》にゃ行《こう》

かわいくて怖《こわ》い妖《よう》怪《かい》図《ず》鑑《かん》

2025年3月5日　初版第1刷発行

イラスト・文　Jam
発行者　池田圭子
発行所　笠間書院

装幀・デザイン　井上篤（100mm design）
本文組版　キャップス
印刷／製本　平河工業社

〒101-0064
東京都千代田区神田猿楽町2-2-3
電話　03-3295-1331
FAX　03-3294-0996

ISBN 978-4-305-71039-0

© Jam, 2025

乱丁・落丁本は送料弊社負担でお取替えいたします。お手数ですが弊社営業部にお送りください。本書の無断複写・複製は著作権法上での例外を除き禁じられています。

https://kasamashoin.jp